내 얼굴에 숨겨진
7가지 비밀

첫 페이지를 넘기는 순간
당신의 운명이 바뀐다

얼굴사용설명서

내 얼굴에 숨겨진
7가지 비밀

엄태범 지음

책넝쿨

　채소나 과일 등을 구입할 때 "무엇을 보고 구입하세요?"라고 물으면 대부분의 사람들은 "모양과 색깔을 보고 고른다"고 대답합니다. 극단적인 표현이지만 "그러면 사람은 어떻게 고르세요?"라고 물으면 대부분의 사람들은 바로 대답을 하지 못하고 머뭇거립니다. 너무 직설적인 표현일지 모르지만 사람을 고를 때도 '채소나 과일 고르듯' 선택하면 안 되는 것일까요?

　우리 얼굴은 자연의 한 조각입니다. 나뭇잎을 보면 나무의 뿌리가 얼마나 튼실한가를 알 수 있습니다. 보이지 않는 땅속 뿌리는 마음이고, 밖으로 드러난 나뭇잎은 얼굴이기 때문입니다.

　관상학에서 '얼굴이 마음을 지배한다'는 말이 있습니다. 얼굴을 통하여 그 사람의 마음과 건강 상태를 알 수 있다는 것입니다. 즉 마음의 변화가 얼굴에 투영되어 그 사람의 성격이나 행동을 예측할 수 있는 것입니다. '생긴 대로 논다'라는 말은 여기에서 비롯된 말이기도 합니다.

　인간은 자기에게 어떤 이익이 있는가, 또는 없는가에 따라 모이고 헤어짐을 반복하며 살아갑니다. 이런 수많은 사람과의 만남 속에서 서로를 알기 위한 만남의 시간은 점점 짧아지고 이런 짧은 시간 속에서 부득이 우리는 그 무엇인가를 선택하고 결정을 해야 합니다. 우리가 어떤 의사결정을 할 때는 다양하고 많은 정보와 좋은 정보를 가져야만 좋은 결정을 할 수 있습니다. 즉 모르는 것보다 아는 것이 많을 때 좋은 결정을 하게 된다는 뜻입니다. 관상학은 예로부터 축적되어 온 얼굴과 몸에 대한 정보를 계통화, 분류화 작업을 통해 체계화해 놓았습니다. 따라서 짧은 시간에 상대의 얼굴을 보고 그 무엇인가를 판단하고 결정해야 하는 현대인들이 관상학에 심취하는 것은 어쩌면 자연스러운 현상이라고 하겠습니다. 혹자는 관상학을 점치는 점술학으로 잘못 이해하여 터부시하는 경향이 있는 것도 사실입니다. 그러나 관상이란 학문은 통계적인 학문으로 누구나 공부하면 알 수 있는 지극히 과학적인 학문이라는 것입니다.

　기업체의 면접이나 결혼을 전제로 한 맞선, 소개팅, 번개팅 등 이런 모든 활동은 궁극적으로 사람의 얼굴을 살피는 활동입니다. 주어진 짧은 시간에 어떻게 잘 보고, 결정하느냐에 따라 그 사람의 운명이 결정되기 때문에 매우 주의를 기울여 보아야 합니다.

　사람의 얼굴과 몸 등의 생김새는 그 사람이 살아온 환경과 습관, 성격 등의 지배를 받습니다. 생활습관에 따라 살이 찌거나 빠지고, 자세에 따라서 골격의 변화가 오기도 합니다. 예를 들어 눈웃음을 자주 짓는 사람들에게는 눈가에 주름이 생기고, 보조개도 특정 표정이 습관이 되어 나타나는 형태입니다. 결국 이런 내밀한 것들이 조합을 이루어 꼬리에 꼬리를 물면서 인상이라는 형태로 우리에게 보여지게 되는 것입니다.

태어난 일시를 물어보고 판단하는 사주와 달리, 얼굴을 보는 관상은 항상 밖으로 노출되어 보여주고 싶지 않아도 보여줄 수밖에 없습니다. 따라서 얼굴을 보는 관상은 때와 장소를 가리지 않고 볼 수 있습니다. 이것이 관상을 공부하는 사람만이 가지는 최고의 경쟁력이기도 합니다.

'나이 마흔이 되면 자기 얼굴에 책임을 져라' 라는 말이 있습니다. 마흔 살이 되기 전에는 부모님으로부터 물려받은 타고난 얼굴대로 살아갑니다. 그러나 나이 마흔 해 정도 살아오면 그동안 살아왔던 마음가짐이 얼굴에 고스란히 드러나게 됩니다. 세상을 험악하게 살아왔으면 험악한 얼굴이, 행복하게 살아 왔으면 행복한 얼굴이, 그동안 살아온 인생의 여정이 얼굴을 통하여 오롯이 남겨져 있게 됩니다.

내 얼굴을 부드럽고 아름다운 얼굴로 만들 것인지, 아니면 험악하고 추한 얼굴로 만들 것인지는 오직 나만이 할 수 있습니다.

경제지식이나 인터넷, 신문지상 등을 통하여 제공하는 각종 지식은 일정 시간이 지나면 지식의 가치가 떨어지거나 현실에 맞지 않는 지식이 될 수도 있습니다. 그러나 필자가 이 책에서 제시하는 얼굴, 즉 관상에 대한 지식은 나이가 들면 들수록 더욱더 요긴하게 머릿속에 각인되어 쓰일 것이라고 감히 말씀을 드립니다.

이 책의 내용은 일상생활 속에서 소소하게 일어나는 사람의 행동을 얼굴의 특징과 대입시켜 독자 여러분들이 나름대로 결론을 낼 수 있도록 가이드라인을 제시하였습니다. 또한 이 책은 기존 관상서적의 틀을 깨고 쉽고 재미있도록 철저하게 독자 위주로 구성하였습니다. 어려운 용어는 가급적 배제하고 이해하기 쉽게 관상학의 지식과 필자의 경험을 넘나들며 내용을 구사하였습니다.

10여 년 산고 끝에 졸작(拙作)이 나오기까지 간절한 마음으로 부단히 연구하고 노력했다는 사실만은 헤아려주기 바랍니다.

100리에 이르는 바닷물도 한 사람이 마시기에 부족할 수 있고, 아무리 작은 샘물이라도 만 명의 갈증을 해결할 수 있다고 했습니다. 아무쪼록 이 책이 하나의 작은 샘물이 되어 독자 여러분의 인간탐구에 대한 갈증을 해결하는 데 다소나마 도움이 되었으면 합니다.

고양 원당골에서

제2부 내 얼굴에 숨겨진
7가지 비밀

제1부

한눈에
사람 알아보기

얼굴에 드러난 나의 미래!

얼굴로 말하라!

01

이 사람은 어떤 성격일까

미간
넓은 미간(느리고 우유부단함)

눈동자
눈을 치켜뜸
(도전적이며
폭력적임)

볼
볼살이 볼록
튀어나옴
(고집불통)

입
입 꼬리가 축 늘어짐
(비관적이며 우울함)

콧구멍
콧구멍이 들려 있음
(즉흥적이며 기분파)

이 그림 속 사람의 관상은 심술이 있고 고집불통이라고 독자 여러분은 나름대로 판단을 하실 것입니다. 물론 필자가 볼 때도 독자 여러분과 같은 생각입니다. 그러나 독자 여러분과 필자와의 차이는 단 하나입니다. 그 차이는 왜 이 사람이 심술이 있고 고집불통인지를 하나하나 꼬집어 설명을 할 수 있는 바로 그 차이입니다.

볼살이 볼록 튀어나옴(고집불통임)

심술보란 입꼬리 부분보다 약간 바깥쪽 볼 주위에 있는 것을 말합니다. 마치 커다란 알사탕을 물고 있는 것과도 같은 모양입니다.

볼살이 튀어 나오거나 볼살이 유난히 처져 광대뼈보다 볼이 더 넓으면 심술보가 있다고 말합니다. 이런 심술보가 있으면 남을 골리거나 남이 잘못되는 것을 좋아하는 사람입니다. 또한 불평불만을 많이 하고 남에게 시비 걸기를 좋아합니다. 볼살이 늘 붉은 사람은 내장이나 혈관이 격렬한 변화를 일으키고 있는 중입니다. 따라서 마음이 평온하지 못하고 정서가 불안정한 상태입니다.

눈을 치켜뜸
(도전적이며 폭력적임)

『달마상법(達磨相法)』에 '안악심악 안수심수(眼惡心惡眼秀心秀)'라는 말이 있습니다. '눈이 악하면 마음도 악

하고 눈이 선하면 마음도 선하다'고 했습니다. 옛날 우리 부모님들은 사람의 눈동자는 제대로 위치하고 있어야 한다고 했습니다. 범죄자의 눈은 한마디로 눈동자가 제대로 위치해 있지 않습니다. 보통 사람의 검은 눈동자는 눈의 정중앙에 위치하여 흰자위가 좌우로만 보이게 됩니다. 그러나 눈을 치켜뜨게 되면 눈의 흰자위가 좌우 그리고 아래로 보이게 됩니다. 관상학에서는 이를 하백안(下白眼)이라고 부르기도 합니다. 우리는 싸움을 하거나 말다툼을 할 때 눈을 치켜뜨는 모습을 보입니다. 이런 하백안의 눈을 가진 사람은 매우 도전적이며 남에게 폭력을 행사하기도 합니다. 이런 눈은 흔히 폭력배들에게 많이 볼 수가 있습니다.

입꼬리가 축 늘어짐
(비관적이며 우울함)

입꼬리가 축 늘어져 입의 모양이
마치 배가 뒤집혀 있는 듯한 입을 관상학에서는 복선구(覆船口)라고 합니다. 또한 물고기의 입처럼 입 끝이 축 늘어졌다고 해서 어구(魚口)라고도 말합니다. 이런 입을 가진 사람은 남녀를 막론하고 사물을 비관적으로 보는 사람입니다. 따라서 염세주의에 빠지기 쉬워 우울증 환자들 사이에서 많이 볼 수 있습니다.

입꼬리가 늘어지면 마치 화가 난 사람처럼 보여 주위 사람들을 긴장시키곤 합니다. 이런 사람은 사회생활에 문제가 될 수 있으니 웃어서 입꼬리를 올려야 합니다.

입꼬리가 위로 향한 사람은 웃는 모습으로, 적극적이고 명랑한 성격의 소유자가 많습니다. 특히 여성이 이런 입꼬리를 가지고 있으면 남편과 자녀에게 헌신하여 성공에 이르게 합니다. 그리고 주위 사람들로부터도 인정과 칭찬을 받는 사람입니다.

콧구멍이 들려 있음
(즉흥적이며 기분파 기질)

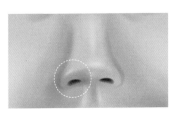

코는 경제적인 능력 즉 물질적인 풍요를 보는 부위입니다. 코를 '곡식을 넣어두는 창고'라고 하면, 콧구멍은 '창고 문'이라고 합니다. 콧구멍이 보이는 들창코는 창고 문이 열려 있어 씀씀이가 크고 배포도 큽니다. 또한 일확천금을 노리지만, 시행착오가 많아 어려움을 많이 겪게 됩니다. 성격은 매우 즉흥적이며 감정에 쉽게 좌우되어 자기 기분대로 행동합니다. 즉 본인의 기분이 좋으면 좋은 대로, 나쁘면 나쁜 대로 상대방 기분은 아랑곳하지 않고 자기 감정에만 충실하게 행동하는 사람입니다. 따라서 이런 들창코를 가진 사람은 감정을 잘 컨트롤하고 이성적으로 행동해야 합니다. 또한 씀씀이가 커 지출이 많으므로 될 수 있는 대로 주머니에 현금이나 신용카드를 가지고 다니지 말아야 합니다. 반대로 코끝이 콧구멍을 막고 있는 일명 매부리코는 창고 문을 닫고 있어 지나치게 인색합니다. 창고에 있는 곡식으로 대지에 씨앗을 뿌리면 온갖 곡식이 성장하여 풍요로운 수확을 하게 됩니다. 들어온 재물은 너무 오래 쌓아두면 썩으니 이런 매부리코를 가진 사람은 재물을 여러 사람에게 나누어 주어야 합니다. 이렇게 하면 당장은 손해인 듯하나 결국은 더 많은 재물을 모으게 됩니다. 전기는 양극과 음극으로 된 자기장(磁氣場)에 의해 만들어집니다. 자기장은 돈에도 작용합니다. 돈이 고이면 강력한 자기장이 주위에 몰려들어 위험합니다. 따라서 적절히 돈을 풀어서 물이 흐르게 하듯이 베풀며 살아야 합니다.

넓은 미간
(느리고 우유부단함)

이상적인 미간의 넓이는 엄지손가락 두 개가 들어가는 것이 표준입니다. 색깔은 진한 주황색이 나면서 두둑하면 좋은 미간으로 봅니다. 아침마다 이불 속에서 제시간에 일어나지 않는 남편이나 자녀들 때문에 전쟁 아닌 전쟁을 벌이는 가정주부들이 많습니다. 이런 남편들이나 자녀 중에는 미간이 지나치게 넓어 엄지손가락 두 개가 들어가고도 훨씬 남는 미간을 가진 사람들이 많습니다.

미간이 너무 넓으면 치밀함이 부족하고 게으른 면이 있습니다. 따라서 맡겨 놓은 일이 있다면 일의 진척 상황을 수시로 체크하여야 합니다. 그렇지 않으면 '되는 것도 없고 안 되는 것도 없는' 매우 갑갑한 상태가 지속됩니다. 그러나 이런 넓은 미간을 가진 사람은 낙천적이고 포용력이 있어 주위에 사람이 많이 따르기도 합니다.

02

승부욕이 강한 얼굴은

- 세 끝을 보세요 -

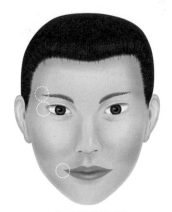 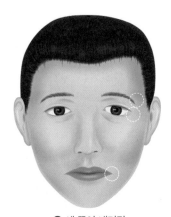

❶ 세 끝이 올라감   ❷ 세 끝이 내려감

❶ 吕윤

세 끝(눈썹 끝, 눈꼬리, 입꼬리)을 보면 성격이 보인다

예전이나 지금이나 만화를 보다 보면 성질이 사나운 악당의 얼굴은 몇 가지 공통적인 특징이 있습니다. 눈썹과 눈꼬리가 대각선으로 하늘로 치켜 올라가게 그려져 있다는 것입니다. 20여 년을 관상을 공부한 필자보다 어찌나 감각적으로 정확하게 사람의 성격을 그림을 통하여 그려내는지 깜짝 놀랄 때가 많습니다. 따라서 만화가는 관상학을 공부한 사람처럼 느껴질 때가 많습니다.

주역의 음양오행 이론에 의하면 하늘을 양(陽)이라고 하고 땅을 음(陰)이라고 합니다. 흔히 남성을 하늘에 비유하여 양의 기운이 강하고, 반대로 여성을 땅에 비유하여 음의 기운이 강하다고 했습니다. 하늘의 기운 즉 양의 기운을 많이 가진 남성은 도전적이며, 적극적이고, 진취적이며, 팽창하고, 발산하는 성향이 강합니다. 반대로 땅의 기운 즉 음의 기운을 많이 가진 여성은 평화적이고, 소극적이며, 보수적이고, 수축하고, 흡수하는 성향이 강합니다. 또한 남녀의 성향은 호르몬의 차이에서도 확연히 차이가 납니다. 테스토스테론과 바소프레신은 남성을 전투적이고 도전적인 성격으로 만들고, 옥시토신이나 에스트로겐은 여성을 안정적이고 평화적인 성격으로 만듭니다.

필자가 우연한 기회에 담배를 피우고 있는 몇 사람과 대화를 할 기회가 있었습니다. 그 당시 흡연구역의 재떨이 주위에는 많은 사람들이 모여 담배를 피우고 있었습니다. 그런데 필자와 대화를 하는 사람의 담배 피우는 모습을 유심히 살펴보니, 두 손가락 사이에 담배를 끼워 넣고 담배 끝이 하늘로 향하게 하고 담배를 피우고 있었습니다. 어찌 보면 다소 도전적이고 거만스럽게 보였습니다. 그런데 바로 옆에서 담배를 피우는 또 한 명의 사람은 정반대로 다섯 손가락으로 담배를 잡고 머리를 숙인 채 담배 끝이 땅을 향하게 하고 피우고 있었습니다. 이 사람은 소극적이고 자신감이 없어 보였습니다.

정신분석의 창시자 지그문트 프로이트(Sigmund Freud)는 인간의 욕구를 세 가지로 구분하였습니다. 본능(id), 자아(ego), 초자아(super ego)로 분류하였습니다. 그중 본능(id)은 통제되지 않는 무의식의 욕구에 해당합니다. 프로이트는 본능은 아무리 억압하더라도 자아가 방심한 틈을 타서 외부로 드러난다고 주장합니다. 담배를 피울 때 담배 끝이 하늘을 향하게 담배를 피우는 사람과, 반대로 담배 끝이 땅을 향하게 담배를 피우는 것은 마치 본능이 자기 자신도 모르게 표출되는 것과 같습니다. 따라서 강한 양의 기운을 타고난 사람은 담배 끝을 양(陽)의 상징인 하늘로 향하게 하고 담배를 피울 것이며, 반대로 음의 기운이 강한 사람은 담배 끝을 음(陰)의 상징인 땅을 향하게 하여 담배를 피울 것입니다. 이처럼 담배 피우는 모습 하나만 유심히 살펴보아도 그 사람의 성격을 알 수 있습니다.

눈썹 끝이 하늘로 향한 사람은 성격이 늠름한 사람

눈썹 끝이 하늘로 향한 사람은 성격이 늠름하고 적극적이며 진취적인 사람입니다. 마치 기러기가 날개를 활짝 펼쳐 하늘을 날 듯이 위로 활짝 펼쳐진 눈썹을 가진 사람은 활동적이며 방랑벽이 있는 사람이 많습니다. 반대로 기러기가 날개를 접 듯이 끝이 아래로 처진 눈썹을 가진 사람은 움직여 활동하기 싫어하는 사람입니다. 이런 사람은 성격이 소심하고 내성적인 사람이 많습니다.

눈썹 뼈가 높게 솟아 앞으로 향한 사람은 성격이 과격하고 단호하며 고집이 황소고집인 사람입니다. 반대로 눈썹 뼈가 움푹 꺼져 있는 사람은 진취적이지 못하고 자기주장이 약한 소심한 사람입니다.

찢어질 듯 올라간 눈은 승부욕이 강하며 도전적인 사람

강아지 눈과 고양이 눈의 차이점을 고르라면 강
아지의 눈은 동그래서 순해 보이고 고양이의 눈은
찢어진 듯 올라가 날카로워 보인다는 것입니다. 결
국 이런 이미지를 형성하는 것은 눈꼬리의 생김새가
결정합니다. 눈꼬리가 올라간 사람과 내려간 사람
의 차이는 수동적이냐 능동적이냐를 봅니다. 또한
유순하냐 공격적이냐 이렇게도 구분이 가능합니다.

눈꼬리가 올라가면 능동적이며 공격적인 성향이 있습니다. 또한 포용
력이 없고 감정 기복이 심한 변덕스러운 사람입니다. 이런 사람은 직설적
이고 감정적이어서 말로써 남에게 상처를 주곤 합니다. 반대로 눈꼬리가
처지면 수동적이며 온화하고, 포용력이 있으나 소극적이며 우유부단한 성
격의 사람입니다. 이런 사람은 보수적이고 우유부단하며 답답하여 일을
처리하는 데 시간이 많이 소요되기도 합니다.

입꼬리가 위로 향하면 적극적이고 명랑한 사람

볼살 근육이 형성되는 유년기에 볼
살의 근육을 자주 사용하면 입꼬리가
올라가게 됩니다. 따라서 화목한 가정
에서 자주 웃고 자라면 입꼬리가 올라가게 됩니다. 반대로 입꼬리가 아래

로 축 늘어져 마치 물고기인 메기 입과 같은 사람은 유년기 시절을 우울하게 보낸 경우가 많습니다. 볼살 근육보다는 부정적인 이마 근육을 자주 사용하면 입꼬리가 처지고 대신 이마의 주름이 깊고 선명하게 생기게 됩니다. 많이 웃으면 볼살의 근육이 형성되어 입꼬리가 올라가 좋은 관상으로 변하게 됩니다. 반대로 부정적인 생각을 많이 하게 되면 인상을 쓰게 되어 이마에 주름이 생기고 입꼬리가 처져 좋지 않은 관상으로 변하게 됩니다. 기업체에서 면접을 볼 때 다소 미운 얼굴이지만 입꼬리 하나만 올라가도 그 사람을 채용하는 이유도 여기에 있습니다.

어구(魚口)
(입꼬리가 물고기처럼 쳐진 입)

03

행운이 넝쿨째 들어오는 얼굴은

– 미간의 넓이를 보세요 –

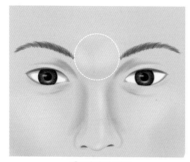

❶ 미간이 넓다

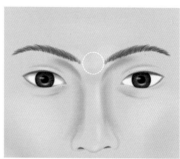

❷ 미간이 좁다

❶ 양눈

미간은 행운이 들어오는 통로

미간은 행운이 들어오는 통로입니다. 미간을 찡그리면 대문을 잠그는 것과 같아서 행운이 들어오지 못합니다. 따라서 미간은 항상 펴져 열려 있어야 합니다. 우리는 터무니 없는 고집을 부릴 정도로 매우 어리석고 둔한 사람을 미련한 사람이라고 말합니다. 관상학에서 양쪽 눈썹이 거의 붙은 사람을 눈썹 미(眉)와 이을 련(連)자를 써서 미련(眉連)한 사람이라고 합니다.

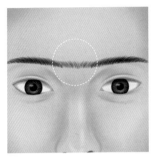
미련(眉連)한 눈썹
(양 눈썹이 연결됨)

이런 미련한 눈썹을 가진 사람은 성격도 미련합니다. 양 눈썹이 거의 붙은 미련한 사람은 행운이 들어오는 통로를 눈썹이 가로막고 있어 행운이 들어오지 못하여 불우한 삶을 살게 됩니다.

미간이 넓으면 낙천적 성격으로 포용력이 있으며 학문으로 성공할 수 있습니다. 반면 성격이 느리며, 우유부단하여 일처리가 빠르지 못한 면이 있습니다. 미간이 좁으면 내성적이며 급한 성격으로 일의 진척속도가 빠릅니다. 반면에 신경질적이며 조급하고 경솔한 면이 있어 시행착오를 많이 겪는 편입니다. 미간은 엄지손가락을 펴서 두 개 정도 들어가면 표준입니다. 더 쉽게 말하자면 미간은 보기에 시원스럽게 보여야 좋은 미간입니다.

양 눈 사이가 유난히 좁은 사람은 성질이 급하고 과격하여 자기 제어를 잘 못하는 사람입니다. 이런 사람은 자기의 마음을 다스리지 못하여 정신분열증에 걸릴 확률이 높습니다. 따라서 이런 사람은 많은 책을 보고 몸과 마음을 갈고 닦는 정신수양을 많이 해야 합니다.

사서삼경 중 하나인『시경』에 '미간 정중앙에 한 줄의 주름살이 있으면 평생 감당하기 어려운 빚을 지고 살게 된다'라고 했습니다. 눈썹 사이 정중앙에 세로로 마치 바늘을 매달은 것 같은 주름이 있는 사람을 볼 수 있습니다. 관상학에서는 이런 주름을 현침문(懸針紋)이라 하는데 아주 좋지 않은 주름입니다. 항상 인상을 찡그리고 주위 사람들에게 자주 짜증을 내는 사람은 미간에 세로로 일자 주름이 생기게 됩니다. 이런 사람은 신경질적이어서 주위에 사람이 없고 외로운 생활을 하게 됩니다. 미간의 주름은 성형수술을 통하여 주름살을 제거해 주는 것이 좋습니다. 왜냐하면 외관상 본인도 문제이지만 다른 사람들도 괜히 짜증 나게 보기 때문입니다. 필자는 특히 종교계에 몸담은 사람들을 한눈에 파악할 수 있습니다. 여러

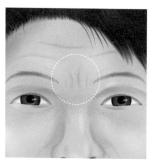

현침문(懸針紋)(이마의 세로주름)

가지 보는 부분이 있지만, 대표적으로 보는 부분이 바로 이 미간입니다. 종교계에 종사하는 사람들은 항상 선하고 절제된 삶을 살려고 노력하기 때문에 미간을 찡그릴 일이 없습니다. 따라서 자연히 미간이 환하게 펴져 대부분 부드럽게 보이게 됩니다.

우리나라의 부모님들은 다른 나라에 비해 교육열이 높아 아이들에게 모든 것을 집중하다시피 합니다. 오죽하면 자식농사라는 말까지 나왔겠습니까? 젊었을 때는 학벌, 경제적 능력 및 가정환경, 직장 내의 지위 등을 기준으로 하여 그 사람을 판단하였습니다. 그러나 50이 넘어 나이가 들어 노년에 접어들면 자식농사를 누가 잘 지었느냐에 따라 자부심을 느끼기도 하고, 또한 주눅이 들기도 합니다. 자녀가 공부를 잘하기 위해서는 사고 및 지각능력 등 다양한 분야에서 우성인자를 부모로부터 물려받아야 합니다. 관상에서는 학문으로 성공하는 사람을 볼 때 우선 미간을 봅니다. 미간이 시원스럽게 넓고 주황색이 나면서 도톰하게 약간 돌출되어 있어야 합니다. 몇백대 일의 경쟁력을 뚫고 입사한 대졸 신규직원을 교육할 기회가 있어 그 직원들을 자세히 살펴보니 한결같이 미간이 시

원스럽게 넓고 약간 돌출된 것을 볼 수 있었습니다. 또한 대체로 미간이 좋은 사람은 감정에 치우치지 않고 도를 넘지 않으며, 적게 배우고도 많은 결실을 얻는 사람입니다.

04

땅 부자의 얼굴은

– 눈두덩(눈과 눈썹 사이 넓이)을 보세요 –

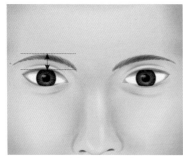

❶ 눈두덩이 좁다

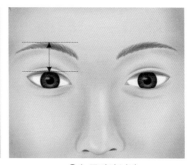

❷ 눈두덩이 넓다

𝑧 름오

땅땅거리며 사는 사람은 눈과 눈썹 사이 눈두덩이 넓다

눈과 눈썹 사이의 공간 즉 눈두덩을 관상학에서 전택궁(田宅宮)이라고 합니다. 부동산의 소유 여부와 남에 대한 배려 즉 포용력을 보는 부분입니다. 따라서 이 부분은 넓고 풍만해야 합니다. 좁거나 흉터가 있고 움푹 꺼져 있으면 좋지 않습니다. 마음이 바

전택궁(田宅宮)
(여유, 애정, 너그러움)

다와 같이 넓고 주택과 땅을 많이 소유하게 되면 눈과 눈썹 사이에 여유가 생기게 됩니다.

주역 64괘 중 〈소축 괘〉에 '밀운불우(密雲不雨)'라는 말이 나옵니다. 구름은 빽빽한데 비는 오지 않는 아주 갑갑한 상태를 이르는 말입니다. 관상학에서는 흔히 눈썹을 구름이라고 하고 눈을 태양에 비유하곤 합니다. 눈썹과 눈 사이가 좁으면 마치 구름이 태양을 누르고 있어 비가 내리지 못하는 아주 갑갑한 상황과 같습니다. 얼마 전 조직폭력배의 현상수배 전단을 볼 기회가 있었습니다. 하나같이 눈과 눈썹 사이가 무척 좁아 아주 사납게 보였습니다. 『마의상법(麻衣相法)』에서 이런 사람은 나이 삼십 세 이전에 속세(俗世)를 떠나 종교에 귀의하라고 하였습니다. 속세에 있으면 자기 자신을 다스리지 못해 사고를 치고 만다는 것입니다. 따라서 종교에 귀의하여 항상 마음을 단련하고 수련해서 자신의 감정을 잘 다스려야 한다고 했습니다.

눈과 눈썹 사이 눈가죽이 팽팽하면 성격도 팽팽하여 마음의 여유가 없어 모질다는 소리를 많이 듣습니다. 한편, 집념이 강하여 어떤 어려움도 극복하여 성공을 이루게 됩니다. 눈두덩이 움푹 들어가 마치 중병을 앓는 아픈 사람과 같은 모양이면 자신이 소유한 재산에 경제적 손실이 발생할 수 있으니 특별히 조심해야 합니다. 눈과 눈썹 사이는 눈 하나 정도가 들어가야 표준이라고 합니다. 눈과 눈썹 사이가 넓은 것은 괜찮으나 이 사이가 좁은 것은 좋지 않습니다. 남성이 눈과 눈썹 사이가 넓으면 공직(公職)에 진출하여 공공의 발전을 위하여 종사할 기회가 생기게 됩니다. 또한 부모님의 은덕을 입게 되고, 남의 잘못을 내 잘못으로 품을 수 있는 포용력이 풍부한 사람입니다. 따라서 타인으로부터 호감을 받으며 훌륭한 사회의 지도자가 되는 사람입니다.

여성이 눈두덩이 넓으면 튼실하게 가정을 꾸리며 자녀 또한 훌륭한 사회의 한 일원으로 양육시킬 수 있습니다. 본인도 행실이 정숙하여 어진 어머니면서 착한 아내로서 역할을 다하게 됩니다.

미혼의 여성이 눈과 눈썹 사이가 넓으면 마음씨가 좋고 부드러운 성격으로 경제적으로 부유하고 성격 좋은 배우자를 만나게 됩니다. 요즘 쌍꺼풀 수술이 유행입니다. 심지어 중·고등학생들 사이에서도 쌍꺼풀 수술을 대수롭지 않게 생각합니다. 따라서 쌍꺼풀 수술은 성형 축에 들지 않은 지 이미 오래되었다고 합니다. 요즘 유행하는 쌍꺼풀 수술은 눈두덩이에 살이 많아 시야를 가릴 정도가 아니면 권하고 싶지 않습니다. 쌍꺼풀 수술을 하는 눈두덩 부위는 부동산을 관장하는 부위이기도 합니다. 따라서 이 부위에 칼을 대면 가지고 있는 부동산의 손실이 발생할 수 있으니 조심해야 합니다. 또한 이 부분에 칼을 대면 눈과 눈썹 사이가 좁아져 매우 급하고 여유가 없어 답답하게 보입니다. 눈두덩 부위의 살을 제거하는 쌍꺼풀 수술은 당장은 깜찍하게 보일지 모르지만 어딘지 모르게 박복하게 보일 수가 있습니다. 우리는 나이가 들면서 중후하게 늙어가야 합니다. 그러나 잘못된 쌍꺼풀 수술은 나이가 들어가면 오히려 천박하고 추하게 보일 수가 있으니 신중하게 생각하고 결정해야 합니다.

관상 강의를 하면서 많이 받는 질문 중 하나가 "성형수술을 하면 운명이 바뀌느냐"에 대한 질문입니다. 성형수술과 관상의 관계는 본 책자 3부 '성형수술을 하면 운명이 바뀌는가'에서 별도 언급을 하도록 하겠습니다.

05

바람기 있는 얼굴은

- 눈꼬리를 보세요 -

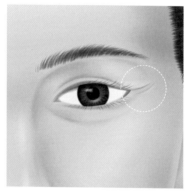

눈꼬리에 잔주름이 많다

눈꼬리를 보라

남자는 여자를 잘 만나야 하고, 여자는 남자를 잘 만나야 합니다. 어떤 배우자를 만나는가에 따라 우리의 인생이 달라질 수 있습니다. 우리 인간은 누구나 멋진 배우자와 행복한 삶을 영위하기를 기대합니다. 그러나 여기에 예기치 못한 여러 복병(伏兵)이 숨어 있습니다. 그중 하나가 바로 배우자의 바람기입니다.

공자는 예(禮)를 논하는 『예기(禮記)』에서 '음식남녀(飮食男女)는 인간의 대욕망'이라고 했습니다. 여기서 음식은 밥(食)이고 남녀는 색정(色情)에 해당됩니다. 따라서 식(食)과 색(色)은 인간의 대욕망이기 때문에 끊기가 어렵다는 것입니다. 식(食)은 우리의 생명을 이어주는 원천적인 요소이며, 색(色)은 후세를 이어주는 본능이기 때문입니다. 그러나 한 남자와 한 여자에 의해 성립되는 혼인형태인 일부일처제(一夫一妻制)를 고수하고 있는 우리 사회에서 다른 이성을 만나 성적결합을 하는 것은 곧장 사회적 매장으로까지 이어지기도 합니다. 그런데 바람기가 있는 배우자를 구별하기는 그리 쉽지 않은 일입니다. 그러나 관상법에 의한 바람둥이 감별법 중 몇 가지만 정확히 안다면 바람기 때문에 속을 썩는 일은 없을 것입니다.

바람둥이는 눈꼬리에 잔주름이 많다

관상학에서는 이 눈꼬리 부위를 마치 물고기의 꼬리처럼 생겼다고 해서 어미(魚尾)라고도 합니다. 이 눈꼬리 부분은 성욕의 생성부위이며 부부관계를 보는 부분이기도 합니다. 이 부위가 검은 색을 띠거나 난잡한 주름이 있으면 부부관계에 심각한 문제가 발생할 수 있습니다. 특히 결혼하여 바람을 피우는 사람을 보면 눈꼬리 부분에 난잡한 잔주름이 많이 있는 경우를 볼 수 있습니다. 이런 사람을 자세히 뜯어보면 보통 눈웃음을 잘 짓는 사람이 많습니다. 물론 나이 50세가 넘어 자연스럽게 형성된 한두 개의 눈꼬리 주름은 상관없습니다. 그러나 20대 또는 30대 젊은 사람이 눈꼬리에 이런 난잡한 주름이 있다면 평생을 같이 살 배우자로의 선택을 다시

한 번 깊이 생각해 볼 필요가 있습니다.

눈꼬리 부분은 깨끗하고 윤기가 흐르며 주름이 없어야 좋은 배우자를 만나 알콩달콩 아름다운 삶을 살아갈 확률이 높습니다. '주름살'의 용어를 분석해보면 주름은 생명을 죽이는 살(殺)이라는 뜻입니다. 따라서 주름살이 너무 많으면 안 좋은 이유가 여기에 있습니다. 눈꼬리에 우물 정(井)자 모양으로 흉터가 있거나 탁한 색을 보이는 사람은 감정을 통제 못해 배우자를 폭행하거나 과격한 성격으로 사회생활에 적응하는 데 어려움을 겪게 됩니다.

눈썹이 섬세하고 부드러워 수양버들 같다

옛날 뭇 남성의 마음을 흔들어놓는 기녀(妓女)들 중에서 마치 수양버들과 같은 눈썹이 많았다는 역사적 기록도 있습니다. 눈썹이 짙으면 선이 굵고 마음도 강한 사람입니다. 눈썹이 섬세하면 마음도 섬세한 사람입니다. 따라서 바람을 피울 확률이 높은 사람은 짙은 눈썹보다는 수양버들처럼 섬세하고 부드러운 눈썹을 가진 사람입니다. 이런 눈썹을 가진 사람은 섬세하게 상대방에게 신경을 써서 대하기 때문에 자연히 상대방의 마음을 빼앗습니다. 또한 남성의 속눈썹이 길면 한 여성에게 만족하지 못하고 여러 여성을 상대로 바람을 피우는 사람입니다. 또한 눈썹 끝이 내려가 눈꼬리를 누

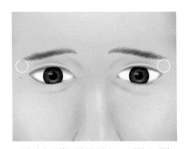

팔자 눈썹(눈썹 끝이 눈꼬리를 누름)

르는 팔자 눈썹은 남녀 불문하고 바람기가 많은 사람입니다.

미간이 너무 넓다

여성의 미간이 너무 넓으면 유혹
에 쉽게 넘어가며 성격도 게으른 면
이 일부 있습니다. 미간은 마음의 넓
이와도 비례하는데 너무 미간이 넓으
면 마음도 지나치게 좋아 오히려 남

미간의 표준 넓이
(엄지손가락 2개가 들어가야함)

의 유혹에 쉽게 넘어가게 됩니다. 참고로 미간의 넓이는 엄지손가락을 펴
서 2개 정도 들어가면 표준입니다.

애교살이 지나치게 튀어나와 있다

눈 밑에 있는 애교살을 관상학에서는 누에가 누워 있는 것처럼 생겼다
고 해서 와잠(臥蠶)이라고도 합니다. 이 애교살이 지나치게 튀어나온 사
람은 외로움에 약해서 주위의 이성에게
기대려는 경향이 강합니다. 따라서 이
런 사람은 어려울 때 조금만 관심을 기
울여도 쉽게 마음을 주는 경향이 있습
니다.

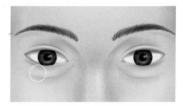

애교살(눈 밑 1cm 아래 볼록한 부분)

여성의 음부(陰部)에 털이 많고, 남성은 머리털이 없다

샘물에 수량이 많으면 수초가 많듯이 음기(陰氣)가 강하면 음부에 음
모(陰毛)가 많습니다. 또한 여성이 항상 눈에 물기가 촉촉이 있으면 이는
음기가 밖으로 표출된 것으로 보아 항상 이성(異性)을 불러들입니다. 이

처럼 음기가 너무 강하면 외부로 그 징후가 표출될 수밖에 없습니다.

반대로 태양이 너무 강하면 식물의 잎이 타버려 없어지듯 양기가 너무 강하면 머리털과 수염이 없어집니다. 따라서 머리털이 많지 않은 대머리의 남성은 양기가 너무 강해 한 여성에게 만족하지 못하는 경우가 많습니다.

한 번 걸음에 엉덩이를 세 번 흔든다

걸음걸이는 자기 나이에 맞게 빠르지도 그렇다고 느리지도 않게 걸어야 합니다. 그러나 한 걸음을 걷는데 교태를 부리듯 엉덩이가 세 번 움직이는 것을 일보삼요(一步三搖)라고 합니다. 여성이 이렇게 걸음을 걸으면 생각이 깊지 못하고 경솔하여 이성의 유혹에 쉽게 넘어가 가정을 지키기가 어렵습니다. 또한 남성의 걸음걸이가 마치 참새같이 깡충깡충 뛰듯 걸으면 마찬가지로 생각이 경솔하고 판단력이 부족해 이성의 유혹에 쉽게 빠지게 됩니다.

이 밖에도 중국 명나라 원충철이 지은 『유장상법』에는 음란한 여성의 행동 특징을 다음과 같이 몇 가지로 언급하고 있습니다.

'미어선소(未語先笑) 말하기 전에 먼저 웃고, 구순자동(口脣自動) 말하기 전 입술이 먼저 움직이며, 아행압보(鵝行鴨步) 거위나 오리가 걷는 것같이 뒤뚱거리며 걷고, 사시투관(斜視偸觀) 곁눈질로 훔쳐보고, 자언자어(自言自語) 스스로 말하고 대답하며, 소약마시(笑若馬嘶) 웃는 것이 말이 우는 것 같은 사람'을 음란한 여성이라고 했습니다.

『주역』의 음양오행은 지구상의 기(氣)가 적지도 많지도 않고 적절히 유지해야만 제 기능을 발휘하게 됩니다. 남자나 여자가 바람을 피우게 되는 경우는 이 양쪽의 균형이 깨진 경우가 많습니다.

우리나라의 24절기 중 양의 기운이 강한 절기는 낮의 길이가 가장 긴 하지(夏至)입니다. 낮이 길다는 것은 그만큼 양의 기운을 많이 함축하고 있다는 것입니다. 반대로 음의 기운이 가장 강한 절기는 밤의 길이가 가장 긴 동지(冬至)입니다. 또한 밤이 길다는 것은 그만큼 음의 기운을 많이 함축하고 있다는 것입니다. 남성은 양의 기운이 가장 강한 하지에 바람을 많이 피우고 여성은 음의 기운이 강한 동지에 바람을 많이 피우게 됩니다.

일 년 중 낮의 길이가 가장 긴 시기에 생산되는 하지감자는 양(陽)의 기운을 많이 함축하고 있어 높은 온도의 열을 가해도 맛이 변하지 않는 음식입니다. 먹을 것이 귀했던 예전에는 스태미나(Stamina)식품으로 바람둥이 남성들이 많이 찾았던 음식이 바로 하지감자였습니다. 또한 옛날 남편을 잃고 홀로 된 여인이 동지섣달 긴긴밤에 이성에 대한 그리움과 외로움을 달래기 위하여 바늘로 허벅지를 찌르면서 바람기를 잠재우곤 했습니다. 음양의 기운이 넘치면 이를 적절히 제어해 주어야 합니다. 따라서 양의 기운이 지나치게 강하면 음으로 제어해 주고, 음의 기운이 지나치게 강하면 반대로 양의 기운으로 제어해 주어야 합니다. 바로 이것이 우주의 원리이며, 인간사의 행동원리이기도 합니다.

음양오행 중 물은 음의 기운이고 불은 양의 기운이라고 말합니다. 그러면 술(酒)은 음의 기운이 강할까요? 아니면 양의 기운이 강할까요? 독자 여러분은 어떻게 생각하세요? 술은 물이니까 당연히 음이라고 이야기하는 사람이 많습니다. 그러나 자세히 살펴보면 오히려 양의 기운이 강합니다. 왜냐하면 독한 술인 경우 심지어 불까지 붙는 경우가 있습니다. 남성이 술을 많이 마시면 양(陽)의 기운을 주체하지 못하게 됩니다. 따라서 이를 해소하고자 유흥업소에서 음기를 찾아 양기를 달래게 되는데 그 근본적인 이유가 여기에 있는 것입니다.

　남녀가 옷을 고를 때도 자세히 들여다보면 이런 음양오행의 원리가 자연스럽게 녹아들어가 있습니다. 남성은 불의 기운 즉 양의 기운이 강하여 몸에 열이 많이 납니다. 반대로 여성은 물의 기운 즉 음의 기운이 강하여 몸이 차갑습니다. 부부 중 남편은 추위를 덜 타고 부인이 추위를 많이 타는 것도 이와 같은 원리가 작용하였기 때문입니다. 남성은 불의 기운을 다스리고자 옷을 고를 때 주로 물의 색, 즉 음(陰)의 색인 청색 계통이나 아니면 검은색 계통의 색을 고릅니다. 왜냐하면 불의 기운을 제어하는 것은 물이기 때문입니다. 물이 깊으면 푸른색이 나며 아주 깊으면 검은색으로 보이게 됩니다. 반면 여성은 물의 기운을 다스리고자 옷을 고를 때 양(陽)의 색인 붉고 밝은색 계통의 핑크색과 빨간색, 노란색 등 화사한 색을 고르게 됩니다. 왜냐하면 물의 기운을 제어하는 것은 불이기 때문입니다.

06

어렵고 힘든 일을 해결할 수 있는 얼굴은

- 광대뼈를 보세요 -

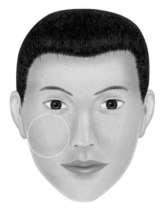 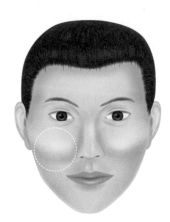

❶ 광대뼈가 돌출되어 있지 않다 　　　 ❷ 광대뼈가 돌출되어 있다

❷ 모양

광대뼈는 권력을 상징

우리는 좋은 산을 명산(名山)이라고 합니다. 명산을 이야기할 때 으뜸인 산을 꼽으라면 단연 설악산, 금강산을 꼽을 것입니다. 왜냐하면 깎아지른 듯한 기암절벽과 웅장함이 우리 시선을 사로잡기 때문입니다. 그러

나 여기서 간과해서는 안될 것이 있습니다. 깎아지른 듯한 기암절벽과 웅
장함의 이면에는 부드러움과 포근함을 찾아볼 수가 없습니다. 관상학적
관점에서 바라보면 설악산과 금강산은 명산이 될 수가 없습니다. 특히 악
자가 들어가는 관악산, 치악산 등도 여기에 포함된다고 보시면 됩니다.
관상학적으로 명산을 꼽으라면 대표적으로 지리산을 꼽습니다. 왜냐하
면 지리산은 둥글고 원만하며 산이 두텁고 흙이 많아 마치 어머니 품과 같
은 포근함을 주기 때문입니다. 또한 지리산은 흙이 많아 식물도 잘 자랍
니다. 따라서 산새 등 들짐승들이 보금자리를 틀고 생명력을 왕성하게 번
식시키게 됩니다. 하지만 명산이라고 일컫는 금강산, 설악산, 관악산, 치
악산 등은 깎아지른 듯한 절벽과 기암괴석이 많아 우리의 시선을 사로잡
기는 하지만 이런 산은 바위투성이의 산이어서 두터운 흙이 자리 잡을 공
간이 부족합니다. 따라서 식물이 자라기 어려워 동물들이 보금자리를 틀
수가 없고 생명력도 움틀 수가 없습니다. 이런 산은 항상 을씨년스럽고 황
량합니다.

　이런 자연의 원리를 우리 얼굴에 대입해 보면 어떨까요? 우리말에 노골
적(露骨的)이란 말이 있습니다. 뼈가 드러날 정도로 숨김없이 모든 것을
있는 그대로 드러낸다는 말입니다. 광대뼈를 비롯한 얼굴에 있는 뼈를 살
이 감싸주지 못해 뼈가 툭 튀어나와 노골적으로 생겼다면 마치 험한 바위
산과 같은 사람입니다. 이런 사람은 어떤 목적을 위하여 상대방의 의사와
는 상관없이 자기의 주장을 내세우는 매우 노골적인 사람입니다. 따라서
주위의 사람들에게 피해를 주게 되고 결국 주위에 사람이 머물지 않고 떠
나게 됩니다. 반대로 두터운 흙이 바위산을 잘 감싸고 있는 것과 같이 광

광대뼈
(추진력과 권세를 보는 부분)

대뼈를 포함한 얼굴에 있는 뼈를 살이 잘 감싸 주어 뼈가 튀어나오지 않
은 사람은 성격이 원만하며 합리적이어서 주위에 항상 사람이 머무르게 됩
니다. 이렇듯 생태계의 자연현상을 우리의 얼굴에 대입해보면 복잡하고 어
려운 관상학이나 주역의 오행을 공부하지 않더라도 쉽게 사람의 얼굴을
이해할 수 있습니다.

　얼굴에서 광대뼈는 권세와 추진력을 보는 부위입니다. 중요하고 어렵
고 힘든 일을 맡길 때는 머리가 크고, 코와 입이 크며, 광대뼈와 턱이 발달
한 사람한테 맡기는 것이 좋습니다. 머리와 코 그리고 입이 작고 광대뼈와
턱이 발달하지 못한 사람에게 어려운 일을 맡기면 돌파를 해내지 못하는
경우가 많습니다. 광대뼈가 어느 정도 튀어나온 사람은 최고경영자를 보
좌하는 참모보다는 업무를 직접 관장하여 성과를 낼 수 있는 독자적인 업
무를 부여하는 것이 좋습니다. 여건이 허락된다면 자기 사업을 직접 하는
것도 괜찮습니다. 그러나 광대뼈만 툭 튀어나오고 턱 부분이 약하면 과격
한 성격이 있어 사소한 일에도 폭력을 행사하는 사람이 될 수 있습니다. 살
과 광대뼈가 적절히 조화를 이룬 사람은 일에 대한 추진력이 좋고 사회생
활 또한 활발하게 잘 해 나갑니다.

관상학에서 가로로 길어서 좋은 것은 눈썹, 눈, 그리고 입입니다. 그러나 광대뼈는 지나치게 옆으로 벌어지면 좋지 않습니다. 광대뼈가 옆으로 벌어진 사람은 군인이나, 경찰관 또는 체육인 등과 같이 매우 활동적인 분야의 직종에서 근무하면 좋습니다.

광대뼈가 눈과 지나치게 가까운 사람은 지나치게 강하고 급한 성격의 소유자입니다. 이런 사람은 대부분 거칠고 호전적인 성격으로 인해 자기가 자기를 해치는 사람입니다.

여성이 광대뼈가 크면 가정의 경제를 책임지고 가정을 꾸려 나가는 사람이 많습니다. 그래서 예전엔 광대뼈가 큰 여성을 가리켜 "성격이 강해서 팔자가 세다"라고도 했습니다. 그러나 요즘은 남성 못지않게 다양한 분야에서 여성이 활발히 사회활동을 하고 있습니다. 따라서 요즘은 여성의 광대뼈가 어느정도 발달되어 있어야 사회생활을 하는 데 유리합니다. 얼굴에 있는 광대뼈는 이마와 턱이 함께 적당히 튀어나와 코를 중심으로 감싸듯이 있으면 좋습니다. 그리고 뼈와 살이 적당히 균형을 이루어야 좋은 관상이라고 말할 수 있습니다. 인류 역사상 가장 넓은 땅을 정복했던 위대한 정복자 칭기즈칸의 후예들인 몽골인들은 특히 광대뼈가 유난히 발달하여 있습니다. 알렉산더보다 2.2배, 나폴레옹보다 6.7배, 로마제국보다 4배나 넓은 땅을 몽골인들이 정복한 것도 이 광대뼈가 힘의 원천이 아닌가 하는 생각이 듭니다.

몽골인의 광대뼈

07

한 명이 만 명을 먹여 살릴 수 있는 얼굴은

− 입 크기를 보세요 −

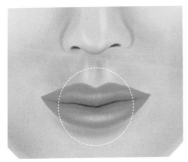 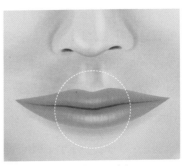

❶ 입이 작고 도톰하다　　　　　❷ 입이 크고 넓다

❷ 정답

말할 때 이빨이 드러나지 않으면 많은 사람을 먹여 살린다

인간의 얼굴을 크게 귀와 눈, 코, 입 4개의 부위로 나눌 수가 있습니다. 그중 귀와 눈과 코 세부분은 나의 의지대로 감정을 표현할 수가 없습니다. 듣고 싶은 것만 골라 들을 수 없고, 보고 싶은 것만 골라 볼 수 없으며, 맡고 싶은 냄새만 선택해 맡을 수 없습니다. 그러나 입은 나의 의지대로 얼마든지 감정을 표현할 수가 있습니다. 입을 굳게 다물고, 입을 우물

쭈물하고, 입꼬리를 올리고 내리고, 입술을 깨물고 등을 통해 감정을 표현하여 상대방에게 전달할 수 있습니다. 또한 무엇인가 내 맘에 안 들면 입을 뾰로통하게 하거나 입을 삐죽 내밀어 나의 불만을 표출합니다. 입은 만물의 조화를 일으키는 근본이며 희로애락을 표시하는 수단이기도 합니다. 『주역』의 64괘 중 '화뢰서합(火雷噬嗑)' 괘를 보면 '입은 음식을 넣어 우리 몸을 보양하고 생명을 유지하는 가장 중요한 부분이다'라고 했습니다. 입은 인간이 활동하기 위하여 최초로 음식물을 투입하는 곳입니다. 이때 어떤 재료가 투입되는가에 따라 우리 몸과 정신에 지대한 영향을 미치게 됩니다.

입은 백 가지 물길을 다 받아들이는 곳으로 널찍하고 두툼하게 생겨야 좋습니다. 또한 입은 합소개대(合小開大)로 다물면 작고 벌리면 커야 합니다. 입의 크기는 눈의 동공(흑점)을 기준으로

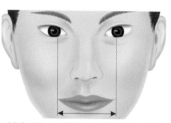
입의 표준 크기(동공 사이의 넓이 기준)

아래로 하여 좌우로 크기가 같으면 표준적인 입의 크기로 봅니다.

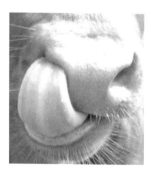

혀로 자기 코를 핥으면 경제적인 여유를 가지고 풍요로운 삶을 산다고 합니다. 또한 입을 보고 '부자는 아니지만, 밥은 먹고 살겠다'라고 이야기하기도 합니다.

입 크기에 따라 사람의 그릇 크기를 파악하기도 합니다. 강과 같이 가느다란 눈, 바다같이 큰 입을 가진 사람은 크게 출세한다는 말이 있습니다. 큰 입을 가

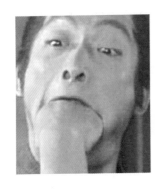

진 사람은 스케일이 크고, 희망도 크며, 마음이 넓고 사교성이 있어서 비교적 원만한 사회생활을 합니다. 또한 통솔력과 뛰어난 판단력을 갖추고 있어 사회에서 리더의 역할을 합니다. 입에 자기 주먹이 들어가면 포부가 크고 담대한 성격으로 집단의 리더로서 역할을 하게 됩니다. 여성이 입이 크면 용기가 뛰어나고 기개와 풍모가 있는 여성이라는 말을 듣기도 합니다. 반면 작은 입을 가진 사람은 소극적이고 꼼꼼한 성격으로 의타심이 많으며 보수적인 편입니다.

입꼬리가 길면 통이 큰 사람이며 추진력이 있고 대담한 성격입니다. 반면 입꼬리가 짧으면 소심하고 내성적인 성격의 소유자나 창의성과 예술성이 뛰어난 사람입니다. 입이 비뚤어졌을 경우는 성격 또한 비뚤어지기 쉽습니다. 또한 비위 기능뿐 아니라 신장계통 기관들도 좋지 않습니다. 따라서 이런 사람은 건강에 특별히 주의를 해야 합니다.

양쪽 입꼬리가 처진 입은 완고하고 비타협적이나 자기의 신념이 강한 사람입니다. 반대로 양쪽 입꼬리가 올라간 입은 상냥하고 적극적이며 매사 긍정적인 사고를 하는 사람입니다. 필자가 한때 기업체의 신입사원 채용 면접을 다닐 때 비록 다른 얼굴부위가 다소 밉더라도 입꼬리가 올라간 사람

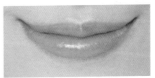

입꼬리가 올라간 긴 입

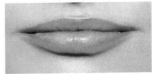

앙 다문 입

은 합격점을 주곤 했습니다. 앞에서 언급했듯이 이런 사람은 유년기에 좋은 가정에서 좋은 부모님 밑에서 항상 웃고 성장하였기 때문에 성격이 원만하고 밝은 사람입니다. 볼의 근육은 긍정적인 정서를 표현할 때 쓰는 근육입니다. 양쪽 입꼬리가 처진 입은 볼의 근육을 사용하지 않아 굳어버린 경우입니다. 자주 웃으면 이때 볼의 근육이 움직여 입꼬리가 하늘로 향하게 됩니다. 반대로 이 볼의 근육을 사용하지 않으면 당연히 볼 근육이 굳어져 입꼬리가 아래로 향하게 됩니다. 볼의 근육이 마비되면 반대로 이마의 근육이 발달하게 됩니다. 이마의 근육은 부정적 정서를 표현할 때 움직이게 됩니다. 입꼬리가 처지면 긍정적 정서를 표현하는 능력은 사라지고 부정적 정서를 표현하는 능력만 발달되었다고 말할 수 있습니다.

입을 꾹 다물었을때 입꼬리가 선명하게 보이고, 웃을 때 치아가 안 보이며, 잘 때 입을 다물고 자고, 말할 때 이빨이 드러나지 않으면 심지가 굳고 의지력과 결단력이 탁월한 사람입니다. 이런 사람을 보고 "한 명이 만 명을 먹여 살리는 사람"이라고 말합니다.

관상학에서는 입 모양이 네모 모양인 것을 사자구(四字口)라고 하여 과묵한 성격으로 의지가 강하고 스케일이 커 어떤 분야든 그 분야에서 크게 성공하는 사람이라고 했습니다. 또한 턱이 풍성하고 입이 네모진 듯한 사람은 많은 사람에게 명령하는 권세를 갖게 되는 사람이라고 했습니다.

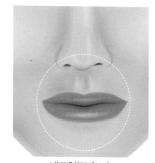

네모입(四字口)

입이 작고 딱따구리 입처럼 약간 뾰족한 듯하게 보이고 입가에 주름이 유난히 많다면 말로써 남에게 상처를 주고, 비밀을 못 지키며 경제적으로도 어려움을 겪는 사람입니다.

입 근육의 한 부분이 자꾸 씰그러지게 움직이면 시비와 간사함을 가진 사악한 사람입니다. 지병으로 인한 경우는 제외됩니다. 입을 오물거리면서 먹으면 의리가 없고, 유난히 잇몸이 드러나면 노력이나 희생을 하여도 얻게 되는 대가가 미미해 고생만 하게 됩니다.

입을 힘있게 다물지 못하고 항상 입이 풀려 있으면 지능이 낮고 체력이 허약하여 어떤 일이든 적극적으로 추진하지 못하여 성공으로 이끌 수가 없습니다. 우리말에 "김이 새다"라는 말이 있습니다. 흥이 깨지거나 맥이 빠져 싱겁게 된 상태를 이르는 말입니다. 잘 때 입을 벌리고 자는 사람은 마치 압력밥솥의 압력이 빠져나가 밥맛이 없듯이 기가 빠져나가 건강하게 장수하지 못하게 됩니다. 사람이 사망하면 입을 벌립니다. 왜냐하면 기(氣)가 몸속에서 빠져나갔기 때문입니다.

결론적으로 입은 크고 튼실하며 입술은 닫혀 있어야 합니다. 또한 입을 벌렸을 때는 크고, 닫았을 때는 작게 보이는 입을 좋은 입으로 봅니다. 큰 입을 가진 사람은 스케일이 크고, 희망도 크며, 마음이 넓고 사교성이 있어서 비교적 원만한 사회생활을 합니다. 또한 통솔력과 뛰어난 판단력을 갖추고 있습니다. 반면 작은 입을 가진 사람은 소극적이고 꼼꼼한 성격으로 의타심이 많으며 보수적인 편이나 실속이 있는 사람입니다.

08

덕장(德將)과
맹장(猛將)의 얼굴은

- 입과 입술을 보세요 -

 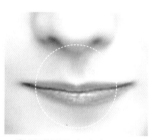

❶ 덕장(德將)의 입술(두텁고 깊)   ❷ 맹장(猛將)의 입술(얇고 깊)

입술은 제방 둑, 두텁고 튼실해야 한다

입술은 마치 바닷물을 가두는 제방 둑과 같은 역할을 합니다. 따라서 두텁고 튼실해야 합니다. 입술이 얇으면 그만큼 큰 물을 가두어 두기가 어렵습니다.

군대의 장군 중 부하들로부터 존경받는 인격의 덕장(德將)은 두텁고 부드러운 곡선의 입술을 가지고 있습니다. 이런 입술을 가진 사람은 포용력이 있으며 선이 굵고 화통하며 정이 많은 사람입니다. 어떤 일이든 물 흐르듯이 순리대로 일을 처리하며 시행착오 없이 모든 일을 처리합니다. 그러나 남의 말을 잘 믿고 일부 우유부단한 성격이 있어 가끔 곤란을 당하기도 합니다.

예리하게 사물의 핵심을 꿰뚫어 보는 맹장(猛將)은 쭉 뻗은 일자형의 얇은 입술을 가지고 있습니다. 이런 입술을 가진 사람은 지모가 있고 냉철하며 쉽게 다른 사람에게 정을 주지 않습니다. 의사결정이 빠르고 판단력이 뛰어나 적은 노력으로 큰 성과를 올리는 사람입니다. 반면 예민하고 신경질적이어서 남과 화합하는 데 다소 어려움을 겪기도 합니다.

관상학에서 윗입술을 하늘, 즉 아버지라고 하고, 아랫입술을 땅, 즉 어머니라고 합니다. 입을 쑥 내밀어 심술을 부릴 때 입술의 모습을 보면 아랫입술이 윗입술을 덮어 버립니다. 이는 마치 땅이 하늘을 덮는 격으로 매우 좋지 않습니다. 이런 입술을 가진 사람은 하는 일들이 원하는 대로 되지 않아 답답하고 갑갑한 인생을 살게 됩니다. 또한 말할 때 아랫입술이 뒤집히는 사람은 반골(反骨)의 기질이 있습니다. 이런 사람들은 은혜를 원수로 갚는 사람입니다.

윗입술이 두꺼운 사람은 가정적이며 스태미나가 강한 사람입니다. 반대로 아랫입술이 두터우면 개성이 강하고 이기적이며 비협조적인 사람입니다. 아랫입술이 얇아 여유가 없으면 미천한 직업에 종사하게 되며 경제적으로도 매우 궁핍한 생활을 하게 됩니다.

윗입술과 아랫입술은 또한 빈틈없이 짝을 이루어야 합니다. 입술 위아래가 어긋나면 마치 제방 둑이 허물어져 홍수가 나는 것과 같아 큰 문제

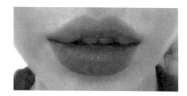
위아래가 어긋난 입술

가 됩니다. 『유장상법(柳莊相法)』에 벌어진 입술, 들창코, 튀어나온 울대뼈(앞목에 두드러져 나온 뼈), 이 세 가지를 다 가지고 있으면 삶을 마감할 때까지 매 끼니를 걱정할 정도로 곤궁한 생활을 하게 된다고 했습니다.

입술은 얼굴에서 가장 관능적인 부분입니다. 유두, 항문, 여성기와 같은 표피구조로 되어 있어 입술의 모습을 통하여 생식기의 형태를 짐작해 볼 수 있습니다. 여성기의 대음순(大陰脣)과 소음순(小陰脣)의 한자 순(脣)자를 입술 순자로 쓰는 이유도 바로 여기에 있습니다. 여성이 립스틱을 예쁘게 발라 아름답게 보이게 하는 이유도 어쩌면 여기에 근거한다고 말할 수 있습니다.

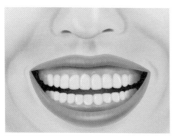

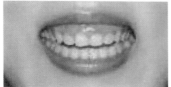
웃을 때 잇몸이 보이면 헤프다

웃을 때 잇몸이 보이는 사람은 분위기에 약하고 정조관념이 부족한 경우가 많습니다. 입술에 잔주름이 많은 여성은 건강하고 지능이 좋은 자녀를 두게 됩니다. 입술에 주름이 없고 매끈하면 외롭고 고독한 삶을 살게 됩니다. 또한 일에 열정이 없고 인간관계에서도 찬바람이 불듯이 냉랭합니다.

입술이 걷혀 올라가 이가 보이면 남의 얘기를 많이 하여 구설에 휘말리게 됩니다. 또한 입술에 침이 자주 흐르면 욕심이 많고 남을 헐뜯어 피해를 주게 됩니다.

입과 입술은 현재 몸 상태를 반영하기도 합니다. 입과 입술이 바짝바짝 타들어 갈 듯이 마르면 위에 열이 있거나 지나치게 생각이 많다는 뜻입니다. 또한 입술이 얇은 사람은 예민하고 스트레스를 많이 받는 초조한 성격입니다. 입꼬리가 헐거나 물집 같은 것이 자주 생긴다면 어떤 결정에 앞서 고민이 많은 경우에 생기는 현상입니다. 입술은 심장과 연결되어 있어 붉을수록 좋습니다. 입술이 검으면 건강에 좋지 않습니다. 일반적으로 위아래 입술이 적당히 도톰하면서 탄력이 있고 선홍색을 띠면서 윤택하면 몸이 전체적으로 건강하다는 증거입니다.

09

형제자매 간 사이가 좋은 사람은

― 눈썹의 길이를 보세요 ―

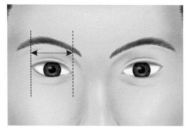

❶ 눈보다 긴 눈썹

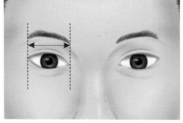

❷ 눈보다 짧은 눈썹

❶ 눈썹

눈썹은 눈을 보호하고 눈(雪)과 비를 막아주는 지붕

눈썹은 동물 중에서는 볼 수 없으며 인간에게만 유일하게 볼 수 있습니다. 눈썹은 교우관계나 친화력의 정도를 보여줍니다. 눈썹의 역할은 영롱하게 빛나는 보물인 눈을 보호하는 역할을 하는 데 있습니다. 눈썹은 눈을 감싸주고 눈과 비를 막아 주는 처마 역할을 합니다. 따라서 눈썹의 길이는 눈과 같거나 눈

보다 조금 길어야 좋습니다. 잘생긴 눈썹은 엉켜 있지 않고 적당히 짙으며 윤기가 있습니다. 차분히 누워 있는 눈썹을 좋은 눈썹으로 봅니다. 눈썹이 쭉 뻗고 길수록 여러 사람으로부터 관심과 인기를 받게 됩니다. 남자 연예인들의 대부분이 눈썹이 일자로 쭉 뻗어 눈보다 긴 눈썹을 가지고 있습니다. 눈썹의 길이가 짧고 숱이 적으면 인간관계에 소홀한 경향이 있습니다. 반대로 눈썹 숱이 지나치게 많으면 복잡한 인간관계 탓에 불필요한 에너지를 쏟을 우려가 있습니다. 눈썹이 옅고 가지런히 옆으로 누워 있으면 온

엷고 가지런한 눈썹

잡초처럼 거친 눈썹

두텁고 길고 진한 눈썹

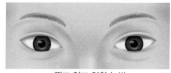

짧고 얇고 연한 눈썹

초승달 눈썹

순하며 합리적이고 세심한 성격을 가지고 있는 사람입니다. 반대로 눈썹이 거칠어 마치 가을의 잡초처럼 얼기설기 얽혀 있다면 성격이 과격하고 산만하며 극단적인 성향을 보입니다. 심지어 눈썹이 앞으로 솟구쳐 마치 싸움닭의 갈기처럼 일어서면 과격하며 사나운 성격의 소유자입니다.

눈썹이 두텁고 길고 진하면 활동적이며 적극적인 사람입니다. 반대로 얇고 짧고 연하면 내성적이고 소극적인 사람입니다.

초승달처럼 생긴 눈썹은 정이 많고 섬세하며 자상한 편이나 남에 대한 의타심이 많은 사람입니다. 한일(一)자

처럼 생긴 일자 눈썹은 성격이 담대하여 군과 경찰 계통 등에서 성공하는 사람들한테서 많이 볼 수 있습니다. 여성이 이런 눈썹을 하고 있으면 자영업으로 성공하는 경우가 많습니다.

일자 눈썹

끝이 하늘로 향해 올라간 눈썹은 진취적이며 신념과 승부욕이 강한 사람입니다. 매사 모든 일에 적극적으로 임하여 결국 어떤 일이든 성공을 이루어 냅니다. 눈보다 길이가 긴 눈썹을 가진 사람은 부모와 자식 간 또는 형제 간에 혈연의식이 강하고 연대의식이 강한 사람입니다. 반대로 눈보다 길이가 짧은 눈썹을 가진 사람은 부모와 자식 또는 형제 간에 인연이 희박하고 대인관계 또한 원만하지 않습니다.

눈썹 뼈가 솟아 있고 눈썹에 털이 부족한 경우를 나무가 없는 험준한 돌산에 비유하기도 합니다. 이런 사람은 호전적이고 열정이 강한 성격입니다. 또한 자기와 의견이 맞지 않으면 자기의 주장을 절대 굽히지 않는 황소고집을 가지고 있습니다. 이런 사람은 용맹이 지나쳐 주위 사람에게 해를 끼칠 수 있으니 조심해야 합니다. 따라서 눈썹 뼈가 돌출되고 눈썹 털이 없는 사람과 만나게 되면 가능한 한 양보하는 것이 좋습니다. 반대로 눈썹이 반달 모양으로 수려하면 마음이 착하고 지혜로운 사람으로 주위로부터 신망을 얻습니다. 눈썹 끝이 아래로 처져 눈꼬리를 누르면 배우자와의 관계가 좋지 못하며 정상적인 가정을 꾸리지 못하게 됩니다.

식물의 잎을 보면 땅속 뿌리의 영양 상태를 알 수 있듯이 눈썹이나 머리털의 상태로 그 사람의 기질과 건강 상태를 알 수 있습니다. 땅에 물기와 영양분이 없다면 식물이 잘 자라지 못하듯 자갈밭은 물과 영양분이 없어

풀 한 포기 자라지 않는 것과 같습니다. 식물이 병이 들면 우선 잎이 누렇게 변색하고 쪼그라들 듯이, 눈썹 색깔이 누렇거나 변색되어 윤기가 없는 경우는 내장기능의 문제로 건강에 이상이 있는 경우가 많습니다.

눈썹에 가늘고 긴 털이 나오는 사람은 신진대사의 기능이 좋아 건강하게 오래 산다고 합니다. 따라서 외모상 다소 보기 싫더라도 나이 예순 살 이후에는 뽑거나 자르지 말라고 합니다. 마치 산신령처럼 눈썹이 흰 백미(白眉)를 가진 사람은 재능이 뛰어난 사람입니다. 백미는 흰 눈썹이라는 뜻

흰눈썹(白眉)

으로, 중국 촉한(蜀漢) 때 마씨(馬氏)의 다섯 형제가 모두 재주가 있었는데 그 중에서도 눈썹 속에 흰 털이 난 마량(馬良)이 가장 뛰어났다는 데서 유래되었습니다. 이때부터 같은 또래, 같은 계통의 많은 사람 가운데에서 가장 뛰어난 사람이나 훌륭한 물건을 비유적으로 이르는 말이 되었습니다.

결론적으로 눈썹이 보드랍고 고우면 성격도 보드랍고 곱고, 눈썹이 거칠고 진하면 마음도 거칠고 진하며, 눈썹의 폭이 넓으면 마음의 폭 또한 넓습니다. 이렇듯 눈썹만 보고도 그 사람의 마음과 건강 상태를 알 수 있습니다.

10

돈을 많이 벌고
많이 쓰는 사람은

- 코를 보세요 -

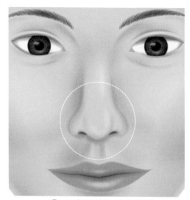 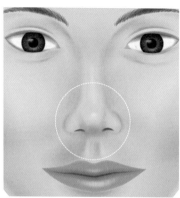

❶ 코가 두텁고 살이 있다　　　❷ 코가 뾰족하고 살이 없다

❶ 믐믕

귀 잘생긴 거지는 있어도 코 잘생긴 거지는 없다

우리는 관상을 보거나 사람의 외모를 평가할 때 '코'를 매우 중시합니다. 입에 붙어 축 처진 짐승의 코와는 그 모양새도 다르고, 거기서 느껴지는 품격도 다릅니다. 코가 얼마만큼 큰가, 반듯한가 비딱한가, 얼굴의 중심부위에 있는가 등이 관상을 보거나 외모를 볼 때 코의 판단 기준이 됩니다. 코는 얼굴 중앙에, 그것도 돌출되어 있기 때문에 어떤 부위보다 주

목받기 때문일 것입니다. 적당한 크기의 코가 반듯하게 얼굴 중심에 자리하고 있으면 전체적으로 안정감을 줍니다. 이런 사람은 다른 사람에게 좋은 인상을 주고 복도 술술 들어온다고 봅니다. 그리고 잘생긴 사람으로 평가받습니다.

옛말에 '귀 잘생긴 거지는 있어도 코 잘생긴 거지는 없다'라는 말이 있습니다. 귀는 태어나서 14세까지 초년운을 보는 자리로 이 시기는 부모 밑에서 성장하는 시기입니다. 따라서 본인의 의지와 상관없이 부모에게 의지하며 살아가게 됩니다. 즉 부모님이 거지이면 자식도 거지인 시기인 것입니다. 그러나 코는 자기 자신을 나타내는 부위입니다. 또한 인생의 절정기인 40대의 운을 보는 자리이며 재물운을 보는 부위이기도 합니다. 따라서 코가 잘생기면 자기의 의지에 의하여 인생의 절정기에 경제적인 부를 축적하며 잘 살아가게 됩니다. 그래서 '귀 잘생긴 거지는 있어도 코 잘생긴 거지는 없다'라는 말이 여기서 나왔습니다. 관상학적으로 코는 경제적인 능력, 즉 물질적인 풍요를 보는 부위입니다. 우리는 보통 상대방과의 마찰이 있어 다툴 때 '코를 납작하게 해준다'라고 이야기 합니다. 이는 부자가되지 못하게 한다는 뜻으로 매우 나쁜 말입니다.

코는 흙에 해당합니다. 흙은 모든 생명을 잉태하므로 두텁고 풍성하여야 합니다. 코에 살집이 없고 날카로우면 마치 바위투성이 밭에 비유하기도 합니다. 이런 밭은 비가 오면 흙과 씨앗이 쓸려나가 곡식을 수확하지못해 곳간을 채울 수가 없습니다. 심지어 우리 선조들은 뾰족한 바위산에는 무덤조차 쓰지 않았습니다. 또한 코를 창고라고 하고 콧구멍을 창고문이라고 합니다. 그리고 인중(코와 윗입술 사이에 오목하게 골이 진 곳)

은 창고 앞마당에 비유합니다. 콧구멍은 정면에서 보았을 때 보이지 않아야 재물이 머무릅니다. 콧털이 보여서도 좋지 않습니다. 미관상으로도 보기가 싫지만, 재물이 새어나간다고 봅니다. 나의 콧구멍이 보인다거나 콧방울이 빈약하다면 자주 웃어야 합니다. 웃으면 양쪽 미소선이 넓어지면서 콧방울이 같이 넓어지게 됩니다. 따라서 콧구멍이 보이지 않게 됩니다.

콧구멍이 보이는 들창코는 창고 문이 활짝 열려 있어 씀씀이가 크고 배포도 큰 사람입니다. 일확천금을 노리지만, 시행착오가 많아 많은 시련을 겪기도 합니다. 들창코는 될 수 있는 대로 샐러리맨으로 직장생활을 하는 게 좋습니다. 왜냐하면 사업을 하면 주위 사람

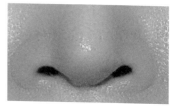

들창코(씀씀이와 배포가 큰 사람)

들이 도움을 청하는 일이 끊이지 않아 고생하게 됩니다. 인중은 창고 앞마당으로 곡식을 쌓아놓으려면 넓고 커야 합니다. 따라서 인중은 넓고 길어야 좋습니다. 양쪽 콧방울은 두툼하고 볼록해야 자신감이 넘치고 주변의 도움을 받아 경제적인 부를 축적하게 됩니다. 콧방울이 좋으면 성격도 좋습니다. 콧방울이 불룩하고 힘차 보이면 두뇌가 명석하고 경제관념이 뛰어나 부자가 됩니다.

코의 크기는 양쪽 콧방울과 콧부리 넓이가 1:2:1 정도로 생긴 것이 좋으며, 두텁고 살집이 많아야 좋습니다. 관상학에선 코끝이 늘어져 두툼하고 탱탱하여 마치 동물의 쓸개를 매달아 놓은 것 같은 코를

현담비(縣膽鼻)라고 합니다. 이런 코는 부동산을 많이 보유한 땅 부자들

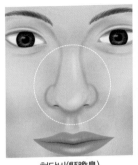
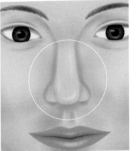

현담비(縣膽鼻)   절통비(截筒鼻)

에게서 많이 볼 수 있습니다. 또한 대나무 통을 반쪽 쪼개어 놓은 듯 콧대가 힘차게 뻗어 내려온 코를 절통비(截筒鼻)라고 합니다. 이런 코는 공직(公職)에서 성공하는 사람들한테서 많이 볼 수 있으며, 여성보다는 남성이 대부분 이런 코를 가지고 있습니다. 코가 갓난아기처럼 작고 동그란 사람은 무기력한 행동양식을 보이며 철이 없고 세상 물정을 몰라 경제적인 부를 축적하기가 어렵습니다.

음양오행의 이론에 따르면 코는 돌출된 모양으로 양의 기운이 강한 남성에 비유하고, 입은 수축되는 음의 기운이 강한 여성에 비유합니다. 따라서 여성의 코가 입보다 크게 보인다면 양기가 넘쳐 여성답지 않고 남성의 기질이 있다고 봅니다.

얼굴의 중심에 있는 코는 자기 자신을 나타내기도 합니다. 코가 빈약한 사람은 권한이 막강한 자리에 앉히지 말아야 한다고 합니다. 왜냐하면 자기 주관이 부족하고 추진력이 없어 막중한 일을 처리하지 못하게 됩니다. 콧부리가 높으면 씩씩한 기상과 굳은 절개가 있으며 콧부리가 낮으면 이런 기개가 없습니다. 코가 둥글게 솟아 있고 이마와 양쪽 광대뼈, 그리고 턱, 이 네 가지 부위가 코를 중심으로 솟아 있다면 이는 도와주는 동료들이 많이 있어 크게 성공하는 사람입니다. 왜냐하면 코를 중심으로 네 개의 산이 받쳐주는 꼴이기 때문입니다.

얼굴에서 코만 유독 튀어나오면 콧대가 높다고 말합니다. 콧대가 광대뼈보다 높아야 하지만 너무 높으면 고독하며 배타적인 성격이 강하여 남을 경시하는 경향이 강합니다. 그래서 주위 사람들로부터 질시와 배타의 대상이 되기도 합니다. 이런 사람은 언젠가는 큰 코 다치게 되어 있습니다. 여기에서 '큰 코'는 '자존심'을 극대화한 표현으로 보아야 합니다. '자존심'을 상징하는 '코'를 다치는 것은 결국 크게 봉변을 당하거나 무안을 당하는 것과 같습니다.

독자 여러분들은 코끝이 둥글고 살점이 풍부한 사람과 또한 코끝이 뾰족하고 날카로워 보이는 사람이 각각 나에게 거래 신청을 한다면 누구와 거래를 하시겠습니까? 아마도 코끝이 둥글고 살점이 풍부한 사람에게 믿음이 더 가서 그 사람과 거래를 하려 할 것입니다. 왜 그럴까요? 전쟁할 때 창끝이 둥글둥글하면 사람을 해칠 수 없어 무기로 사용하지 못합니다. 창끝은 뾰족하고 날카로워야 사람을 해칠 무기로 사용할 수 있습니다. 이처럼 코끝이 마치 창과 같이 뾰족하고 날카로워 보이는 사람은 성격도 날카로워 주위의 사람들을 피곤하게 합니다. 반면 끝이 둥근 코를 가진 사람은 창끝이 둥글어 사람을 해치지 못하는 것과 같아 남에게 악한 행동을 하지 못합니다. 따라서 이런 사람은 자비심이 있고 포용력이 있어 주위의 사람들이 도와주어 성공하게 됩니다.

인간의 코는 콧구멍을 통해 공기를 유입하는 역할을 합니다. 더운 열대

지역에 사는 종족들의 코는 공기의 흐름을 빨리 하여 열기를 식혀 주어야 하므로 들창코 형태의 코를 많이 가지고 있습니다. 반면 추운 겨울이 긴 지역에 사는 민족들은 따뜻한 공기를 오래 보관하기 위하여 내부 공간이 크며 높고 커다란 코를 가지고 있습니다. 이는 오랜 시간에 걸쳐 그 지역의 기후와 풍토에 맞는 코의 형태를 보이게 된 것입니다. 귤화위지(橘化爲枳)라는 고사성어가 있습니다. '강남(江南)의 귤을 강북(江北)에 심으면 탱자가 된다'라는 뜻으로 기후와 풍토가 다르면 그 모양과 성질이 달라져 쓸모가 없어진다는 뜻입니다.

요즘은 인위적으로 미(美)를 위하여 코를 성형하는 수술이 유행하고 있습니다. 문제는 코를 성형하면 이런 지역적인 특색이 고려된 신체구조의 틀을 깨뜨려 건강에 문제가 될 수 있다는 것입니다. 가능하면 우리의 기후에 적합하게 만들어진 타고난 코를 가지고 그대로 사는 것도 어쩌면 나의 건강을 유지하는 한 방법이 아닐까요?

11

부잣집에서 태어난
아들딸의 얼굴은

- 이마를 보세요 -

부잣집 아들딸은 이마가 훤하다

책의 제목을 보면 내용을 어느 정도 짐작을 할 수 있습니다. 가장 먼저 눈에 띄면서도 책의 내용을 짐작할 수 있는 것이 바로 책의 제목(題目)이기 때문입니다.

관상학에서도 책의 제목처럼 한눈에 그 사람의 정신상태나 건강상태를 알 수 있는 곳이 있습니다. 그곳이 어디일까요? 그곳은 바로 이마와 눈입니다. 제목(題目)을 한자(漢字)그대로 해석하면 이마 제(題)와 눈 목(目)자를 씁니다. 즉 제목은 이마와 눈이라는 뜻으로 해석됩니다.

관상을 볼 때도 가장 먼저 눈에 들어오는 것이 이마와 눈입니다. 그만큼 관상을 볼 때 이마와 눈이 중요하다는 뜻입니다. 이마는 그 사람의 간판이나 다름없습니다. 따라서 이마에 난잡한 상처가 있거나 함몰되고, 탁한 색을 보이면 좋지 않습니다.

예로부터 우리 조상들은 며느리나 사윗감을 볼 때 이마의 모양을 꼭 살펴보았습니다. 왜냐하면 좋은 이마를 가진 사람은 좋은 부모 밑에서 좋은 가정교육을 받고 자란 사람이기 때문입니다. 따라서 좋은 이마를 가진 사람은 결혼해서 잘 살 확률이 높습니다. 결혼을 앞둔 미혼 남녀들은 이 부분을 자세히 관찰하여 우선시하여 볼 필요가 있습니다.

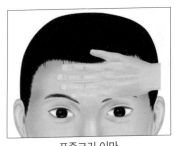
표준크기 이마

이마는 일을 설계하거나 계획을 하고 구상하는 역할을 하는 곳입니다. 따라서 남자나 여자나 이마가 잘생겨야 어떤 일이든 잘 조직화하고 빈틈없이 계획을 짜서 실행함으로써 사회에서 성공할 수 있습니다. 보통 이마의 크기는 자기의 엄지손가락을 뺀 나머지 네 개의 손가락이 가로로 이마에 다 들어가면 표준크기의 이마로 봅니다. 그리고 이마의 모양은 입벽현간(立壁懸肝)이라 하여 글자 그대로 벽에 간(肝)을 매달아 놓은 것 같이 봉긋하게 나온 형태의 이마를 가장 좋은 이마로 봅니다. 이마가 반듯하게 서지 않고 뒤로 기운 것 같은 것은 좋지 않은 이마입니다. 또한 여성의 이마가 너무 튀어나오거나, 남성의 이마가 마치 함몰된 것처럼 들어가면 음양의 이치에 반하는 것으로 좋지 않은 이마입니다. 또한 이마가 평평하나 중간에 오목하게 들어간 이마도 좋지 않은 이마입니다. 여성의 이마가 시원스럽게 넓으면 스케일이 크고 포용력이 있으며 시원시원한 사람입니다. 이마가 세로로 높은 여성은 직장에서 확고한 위치를 차지할 사람이며, 매사 일을 적극적으로 처리하는 똑 부러진 성격의 사람입니다. 이런 이마를 가진 여성은 될 수 있으면 사회활동을 하는 것이 좋고 자기보다 이마가 큰 배우자와 결혼하는 것이 좋습니다.

이마 한가운데가 불룩하게 나와 있는 일명 '앞짱구형 이마'는 남녀 모두 재치가 있고 감수성이 예민한 사람입니다. 또한 임기응변과 사교적 능력이 뛰어나고 인간관계가 좋아 경제적으로도 여유로운 생활을 하게 됩니다. 그러나 지나치게 많이 튀어나오면 자기중심의 좁은 생각에 집착하게 되어 사회생활에 문제가 되기도 합니다.

이마의 모양과 색깔로 유년기의 성장환경과 부모로부터 받는 혜택을 짐작할 수 있습니다. 필자가 어릴 적 동네에 부잣집 아들딸이 있었습니다. 이들은 유난히 이마 부위가 밝고 환했습니다. 이마의 빛깔이 밝고 깨끗하면 부모가 온전하고 부모로부터 물적·정신적 유산을 물려받습니다. 이런 사람은 사리가 분명하고 사고의 틀이 크며 포용력이 있습니다. 반대로 이마가 좁고 어두운 색을 띠는 사람은 유년기에 어려운 환경 속에서 자란 사람이 많습니다. 이런 사람은 직관력과 판단력이 뛰어난 편입니다. 그러나 마음의 여유가 없고 성격이 급하며 포용력이 없습니다.

이마가 좁고 어두운 색을 보이나 내려가면서 턱이 둥글게 발달한 사람

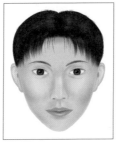

이마가 좁고 턱이 발달한 얼굴　　이마가 넓고 턱이 빈약한 얼굴
〈자수성가하는 사람〉

은 유년기에 어려운 가정에서 태어나 성장하였지만, 성년이 되면서 경제적인 부를 축적하는 사람입니다. 한마디로 말하면 자수성가하는 사람입니다. 반대로 이마는 넓고 환한데 얼굴 아래로 내려가면서 특히 턱이 세모꼴로 빈약한 사람은 유년기는 비록 좋은 환경 속에서 부유하게 자랐지만, 성년이 되면서 경제적으로 어려워지는 사람입니다.

　관상학에서 이마는 하늘이라고 합니다. 따라서 이마는 훤하게 트여야 합니다. 그러나 이마가 넓은 사람은 이마 콤플렉스(Complex)로 인하여 앞머리로 이마를 가리고 다니는데 이는 하늘을 가리는 것으로 매우 좋지 않습니다.

　오장육부는 물론 전체적으로 몸 기능이 조화를 이루어야 비로소 홍윤색(紅潤色)의 혈색을 띠게 됩니다. 이마의 혈색은 밝고 윤택한 선홍색 기운이 흐르는 홍윤색이면 좋습니다.

12

건강하게 장수할 사람은

- 인중의 길이를 보세요 -

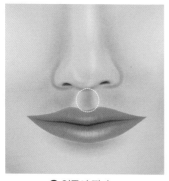

❶ 인중이 짧다

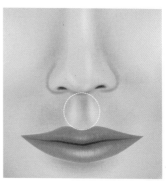

❷ 인중이 길다

❷ 鼻齊

인중이 길면 하늘로 올라가는 시간이 길어 오래 산다

관상학에서는 귀, 눈, 코, 입을 통하여 진액(津液)이 생성되고 흐른다고 보고 있습니다. 자연의 원리를 소우주인 인간의 얼굴에 비유하여 간단히 설명해 보겠습니다.

물이 하늘에서 땅으로 자연스럽게 흐르듯 깊은 산 속 옹달샘에서 발원한 물은 아래로, 아래로 흘러 내리게 됩니다. 귀는 물의 최초 발원지인 옹

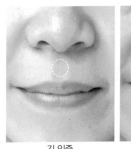 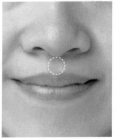

긴 인중   짧은 인중

달샘으로 봅니다. 눈은 옹달샘에서 나온 물이 모이는 냇물이라고 하며, 코는 이 냇물이 모이는 강이라고 합니다. 그리고 강들이 최종적으로 모이는 바다를 입이라고 합니다. 코와 윗입술 사이에 오목하게 골이 진 인중은 강인 코와 바다인 입을 연결하는 수로(水路)에 비유합니다. 이 수로는 위보다 아래가 더 넓고 깊고 길어야 물길이 시원스럽게 빠져나가 바다로 흘러가게 됩니다. 인중의 골이 위보다 아래가 더 좁고 얇으면 강물이 바다로 가는데 잘 빠져나가지 못하여 물이 범람하게 됩니다. 더욱이 이런 수로에 커다란 돌이 있어 물길을 막으면 또한 물이 범람하게 됩니다. 인중에 있는 돌은 돌출된 점이나 사마귀로 이해하면 됩니다.

인중은 물줄기라고 했습니다. 인중이 구불구불하면 인생 역정도 구불구불하여 어려운 삶을 살게 됩니다. 인중이 얇으면 수로가 얇은 것과 같아 많은 물이 흐르지 못하게 됩니다. 따라서 살아가면서 많은 어려움을 겪게 됩니다.

인중을 통하여 자녀를 보기도 합니다. 인중에 골이 없으면 슬하에 자녀가 없거나 매사 추진되는 일에 어려움을 겪게 됩니다. 그러나 인중의 골이 없더라도 미소선(콧방울 옆 주름)이 있으면 인중 대신 물길을 보충하

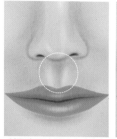

인중의 골이 위보다 아래가
좁은 인중 구불구불한 인중

고 있어서 자녀를 두게 됩니다. 인중에 세로로 주름이 있으면 자손이 없고
혹 있더라도 건강하게 태어나지 못합니다. 인중이 삐뚠 사람은 마음도 삐
뚤고, 인중이 곧은 사람은 마음도 곧습니다. 인중이 대나무를 쪼갰을 때
의 파인 홈과 같이 곧고 분명하면 성격이 곧고 분명한 사람입니다.

관상학에서 '이마는 하늘이요 턱은 땅'이라고 했습니다. 인중은 땅에서
하늘로 올라가는 중간 통로입니다. 우스갯소리로 이 중간 통로인 인중이
길면 하늘로 올라가는 시간이 길어 오래 산다고 합니다. 반대로 인중이
극히 짧은 사람은 성격이 급하고 심장박동수가 빨라 장수하는 데 지장이
있다고 합니다. 동물은 심장박동수가 빠를수록 오래 못 삽니다. 특히 작
은 새나 쥐들은 매우 빠르게 움직여야 하기 때문에 그만큼 심장의 박동수
가 빨라진다고 합니다. 거북이는 심장이 1분에 6회, 벌새는 1분에 1,200
회를 뛴다고 합니다. 따라서 거북이는 100년 가까이 살고 벌새는 고작 4
년 정도밖에 못산다고 합니다. 거북이와 벌새는 똑같이 일생 동안 20억 회
정도 심장이 뛴다고 합니다.

심장 박동수의 총량으로 보면 거북이나 벌새나 똑같은 양만큼 살다가
죽는 것입니다. 마치 자동차의 엔진을 많이 사용하면 내용연수가 줄어드

는 것처럼 우리 인간도 심장을 많이 사용하면 수명이 단축된다고 생각합니다. 인중이 짧은 사람은 매우 급하고 적극적인 성격을 가지고 있어 심장 박동수가 빠른 편입니다. 따라서 인중이 짧은 사람은 어렵고 스트레스를 받는 상황이 오더라도 될 수 있으면 여유를 가지고 마음을 편안히 하여 세상을 살아가도록 해야 합니다. 반면 인중이 긴 사람은 느긋한 성격을 가지고 있어 심장 박동수가 느린 편입니다. 또한 포용력과 지구력이 있어 주어진 일을 잘 마무리하는 사람입니다. 인중이 말려 올라간 듯 입술과 가까우면 성질이 포악하고 급하여 남에게 해를 끼치니 조심해야 합니다.

우리는 부모로부터 건강한 육체를 가지고 태어났더라도 정신적 스트레스, 음식의 부절제, 과로 등으로 인하여 건강을 관리하지 못하면 주어진 수명을 보존하기 어렵습니다. 나의 얼굴을 통하여 타고난 체질을 개선하고 관리해서 부모님이 물려주신 몸을 잘 보존하여 천명(天命)을 누려야 합니다. 이것이 결국 우리가 부모에게 효도하는것 중에 가장 큰 효도라고 생각합니다.

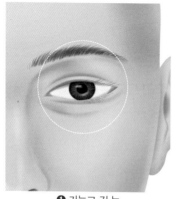
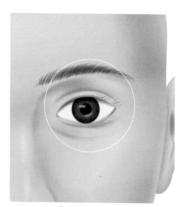

13

비밀이 많은 사람은

– 눈을 보세요 –

❶ 가늘고 긴 눈   ❷ 짧고 동그란 눈

❶ 용림

눈은 밖으로 나와 있는 뇌(腦)

어릴 때 시골집 호롱불이 어떤 때는 밝게 빛나기도 하고 어떤 때는 그을음이 생겨서 뿌옇게 흐려져 보이기도 했습니다. 그래서 그 원인을 자세히 살펴보니 원인은 다름 아닌 호롱불의 원료인 기름이었습니다. 호롱불 속에 들어 있는 기름 성분이 좋으면 호롱불이 밝게 빛나고 반대로 기름 성분이 좋지 못하면 그을음이 나면서 흐리게 보였습니다. 사람도 이와 마찬

가지입니다. 눈빛이 맑고 밝게 빛나는 사람은 내장기능을 포함한 육체적인 건강이 좋을 뿐 아니라 마음도 밝고 맑습니다. 반대로 눈빛이 안개가 낀 듯이 흐릿한 사람은 내장기능을 포함한 육체적인 건강이 나쁜 것은 물론 마음도 흐릿합니다.

또한 눈은 해를 상징하니 밝고 빛나야 합니다. 밝아야 할 태양이 항상 구름에 싸여 밝은 빛을 잃는다면 결국 모든 곡식이 여물지 못하여 흉년이 들 수밖에 없을 것입니다. 이와 마찬가지로 사람의 눈도 밝은 태양처럼 밝고 맑아야 합니다.

관상학의 바이블 중의 하나인『달마상법』에서는 사람의 얼굴 각 부위를 10점 만점 기준으로 각각 점수를 나누었습니다. 그중 눈에 5점을 주어 과반수의 점수를 주었습니다. 그리고 이마와 코, 광대뼈, 턱 네 부분에 각각 1점을 주어 합계 4점을 주었으며, 마지막으로 눈썹, 귀, 입, 치아를 합하여 1점을 주었습니다. 이중에 눈의 점수를 가장 많이 준 것은 관상에서 눈이 그만큼 중요하다는 말이기도 합니다.

눈은 정신의 주인입니다. 정신이 깨어 있을 때는 눈에 머물고 잠들면 마음에 머문다고 했습니다. 그래서 눈을 마음의 창(窓)이라고 말합니다. 눈빛이 흐리면 얼굴의 다른 부위가 아무리 좋아도 소용이 없습니다. 눈빛이 흩어지면 정신도 흩어지기 때문입니다. 사람이 사망했는지를 확인할 때 의사가 눈에 빛을 비추어 눈빛이 흩어져 사그라지면 사망한 것으로 진단하는 것도 여기에 그 원인이 있습니다.

중국에서 황제의 정실(正室)인 황후(皇后)를 간택(揀擇)할 때 두 가지 방법으로 선발하곤 했습니다. 첫째 두꺼운 비단옷을 입혀 놓고 먼 거리를 뛰어갔다 오게 합니다. 그리고 그 땀 냄새를 맡아 그 땀 냄새가 향기로우면 황제의 부인으로 간택했다고 합니다. 왜냐하면 땀 냄새가 향기로우면 내장기능도 좋아 건강하다고 본 것입니다.

세장형(細長型)의 눈

그리고 두 번째로 보는 것이 바로 눈의 생김새입니다. 눈의 모양은 봉안(鳳眼)이라고 해서 전설의 새 봉황과 같이 생긴 눈을 가진 사람을 황제의 부인으로 간택했습니다. 가늘고 길면서 물결치듯 부드럽고 끝이 약간 올라간 눈을 봉황의 눈이라고 말합니다. 주역에서는 일반적으로 부드러운 선은 좋게 보고 각이 지고 예리한 선은 좋지 않게 봅니다. 관상학에서는 눈의 형태가 갸름하면서도 외곽선이 부드러운 눈을 좋은 눈으로 봅니다. 반대로 외곽선이 너무 급격한 곡선이나 삼각형으로 예각이 지는 것은 좋지 않은 눈으로 봅니다. 관상학에서는 세장형(細長型)의 눈으로 가늘고 길면서 물결치듯 부드러운 눈을 최고의 좋은 눈으로 봅니다.

봉황의 눈과 같이 가늘고 긴 세장형의 눈을 가진 사람은 생각이 깊고 지혜로우며, 사물을 통찰할 수 있는 능력이 있습니다. 또한 비밀이 많고 히든카드(hidden card)를 숨기고 있어 사회생활에 유리합니다. 그러나 가늘기만 하고 길지 않으면 간사스럽고 교활한 사람이라고 봅니다. 또한 길기만 하고 가늘지 않다면 성질이 흉포하여 다른 사람을 해치게 됩니다.

동물의 눈은 먹이를 포착하고 경계하고 위협하는 공격적인 역할을 합니다. 하지만 인간의 눈은 마음속 깊은 곳을 복잡하게 나타내는 암시의 집합체입니다. 따라서 눈은 거짓말을 못 합니다. 눈은 마음의 커튼과도 같습니다. 눈이 크면 마치 창문의 커튼을 활짝 제쳐 놓아 방안이 훤히 다 들여다 보이는 것과 같습니다. 그래서 눈이 큰 사람은 감추는 것이 별로 없고 감성적이며 겁이 많습니다. 눈이 크면 간이 작고, 눈이 작으면 간이 크다고 합니다. 따라서 눈이 큰 사람은 겁이 많아 사람을 해치지 못하는 겁니다. 반대로 눈이 작으면 창문의 커튼을 반만 제쳐 놓은 것과 같아 방안을 다 들여다볼 수가 없습니다. 따라서 눈이 작은 사람은 감추는 것이 많고 겁이 없으며 매우 꼼꼼한 성격의 소유자입니다. 눈이 작은데 더불어 코와 입까지 작다면 매우 소극적이며 꼼꼼한 성격의 사람입니다.

생선가게에서 생선을 고를 때 가장 먼저 보는 것은 바로 생선의 눈입니다. 싱싱한 생선은 눈이 투명하고 맑습니다. 눈동자는 먹칠한 것과 같이 검고 흰자위는 눈(雪)처럼 희어 흑백이 분명해야 합니다. 눈동자가 검으면 검을수록 신체적인 에너지도 넘쳐나게 됩니다. 눈의 흰자위가 깨끗하지 못하고 어둡고 뿌옇고 핏줄이 엉켜 있어 마치 약 먹은 것처럼 몽롱하고 광채가 없다면 포악하여 별의별 짓을 다 하는 사람입니다.

사진을 찍을 때 사용하는 렌즈 중 어안(魚眼)렌즈라는 게 있습니다. 이 렌즈는 마치 물고기 눈으로 사물을 포착한 것처럼 360도 원형으로 나타나 보입니다. 초점 거리가 극도로 짧아 영상이 심하게 왜곡되는 현상이 있어 특수한 목적에 사용하는 렌즈입니다. 우리말에 '어안이 벙벙하다'는 말이 있습니다. 뜻밖의 일을 당해서 정신을 차릴 수 없거나 기가 막혀 말문이 막힐 때 쓰는 말입니다. 관상학에서 말하는 어안(魚眼)은 물고기의 눈처럼 동그랗고 돌출된 눈을 말합니다. 물고기는 사물을 볼 때 눈의 형태가 마치 볼록렌즈와 같아 사물의 형태를 제대로 보지 못합니다. 따라서

어안(魚眼)
눈 모양이 동그란 눈

이런 어안을 가진 사람은 사물의 핵심을 정확히 보지 못하여 수많은 시행착오를 겪기도 합니다. 그러나 천성이 착해 남을 해치지는 못합니다.

눈 아래 눈두덩에 푸른 색이 돌거나 나무가 타고 남은 잿빛처럼 회색이 나는 사람이 있습니다. 이런 사람과 거래를 하거나 보증행위를 할 때는 신중하게 하여야 합니다. 이런 사람은 치명적인 질병이 있는 경우가 많습니다. 또 좌우 눈의 크기가 다른 경우 이중인격자인 경우가 많으니 인간관계 시 각별히 유념해야 합니다. 그러나 사고로 인한 경우는 예외입니다.

눈꼬리가 올라간 사람은 지구력과 체력이 강하고 신념이 넘치고, 행동력과 판단력이 뛰어난 대범한 성격의 사람입니다. 반대로 눈꼬리가 아래로 내려간 사람은 동정심이 많고 대인관계가 좋으나 대체로 호색가인 경우가 많습니다. 눈이 항상 물을 머금은 듯하면 지나치게 감상적이고 염세적인 성향이 강합니다. 여성이 이런 눈을 가지고 있으면 남자관계가 복잡합니다. 그리고 우울증을 조심해야 합니다.

14

범죄자의 얼굴은

– 눈동자의 위치를 보세요 –

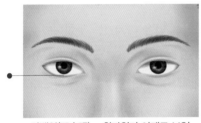

하백안(下白眼) – 흰자위가 아래로 보임

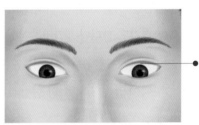

상백안(上白眼) – 흰자위가 위로 보임

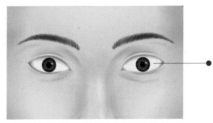

사백안(四白眼) – 흰자위가 상하좌우 보임

사람의 눈동자는 제대로 위치해 있어야 한다

진(晋)나라 때 죽림칠현(竹林七賢)의 한 사람이었던 완적(阮籍)은 세속의 예의범절을 우습게 보는 뜻 높은 선비였습니다. 어느 날 친한 벗인 혜강(嵇康)을 찾아갔는데, 그는 없고 그의 형인 혜희(嵇喜)가 완적을 맞았습니다. 평소 완적은 혜희의 사람됨을 싫어하였으므로 그를 백안시(白眼視)하고 그냥 돌아왔습니다. 나중에 혜강이 그를 찾아가자 다시 반갑게 맞이하였습니다. 여기서 백안시(白眼視)라는 말이 나왔습니다. 백안시는 백안(白眼)으로 본다(視)는 말입니다. 백안은 글자 그대로 흰 눈(眼)이라는 뜻입니다. 눈동자 없이 흰자위로만 째려보는 것을 말합니다. 그래서 백안시는 남을 무시하거나 업신여기는 태도를 가리키는 말이 되었습니다.

옛날 어른들은 '사람의 눈은 제대로 박혀 있어야 한다'라고 말하곤 했습니다. 눈동자는 눈의 정중앙 자리에 위치하여 흰자위가 좌우로만 보여야 정상입니다. 그러나 다음에 언급할 세 부류는 눈동자가 제자리에 위치하고 있지 않아 매우 좋지 않은 눈으로 봅니다. 또한 눈동자는 인간의 마음을 가장 먼저 포착하는 곳입니다. 눈동자는 의식적 통제가 불가능하므로 거짓말을 못 합니다. 아무리 애절한 눈짓을 하더라도 눈동자가 수축되어 있으면 거짓말을 하고 있을 가능성이 큽니다. 좋아하는 것을 보면 동공이 팽창하게 됩니다. 반면 불쾌하거나 놀라면 수축하게 됩니다. 따라서 그 사람의 진정성을 보려면 상황에 따라 변하는 그 사람의 눈동자를 보면 알 수가 있습니다.

하백안(下白眼)

눈동자의 위치가 위로 올라가 아래에 흰자위가 보이는 경우입니다. 마치 눈을 치켜뜨고 있는 모양입니다. 요즘 학생들이 '얼짱 포즈'를 취할 때 45도 각도로 얼굴을 위로 향해 사진을 찍으면 눈동자가 위로 향하고 흰자위가 아래에 보입니다. 이렇게 하면 머리가 크게 보이고 턱이 좁게 보이

는 일명 브이-라인(V-line)의 얼굴과 유
사한 착시현상을 일으키게 됩니다. 그러
나 이런 모습은 관상학적으로 매우 좋지
않습니다. 사람들이 서로 싸움을 할 때
눈을 위로 치켜뜨고 싸우는 모습을 보입
니다. 이때 눈동자의 위치가 위로 올라

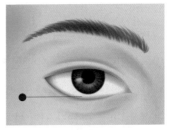

하백안
(눈의 흰자위가 아래로 보임)

가 아래에 흰자위가 보이게 됩니다. 이런 하백안의 눈을 가진 사람은 자신
의 마음을 못 다스려 폭력을 사용하는 폭력배나 강도 등 범죄를 저지르는
범죄자 중에서 많이 볼 수 있습니다.

상백안(上白眼)

　항상 눈동자의 위치가 아래로 내려가 흰자위가 위로 보이는 경우입니
다. 마치 눈을 내리깔고 땅을 보고 있는
모양입니다. 상대방과 대화할 때 상대방
의 눈을 제대로 쳐다보지 못하고 땅을
쳐다보며 말하는 사람은 떳떳하지 못하
여 뭔가를 숨기는 사람입니다. 어린아이
가 잘못하면 정면으로 응시하지 못하고

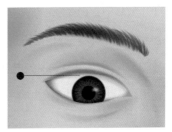

상백안
(눈의 흰자위가 위로 보임)

눈을 내리깔고 땅을 쳐다보는 것과 같습니다. 이런 상백안은 절도범이나
사기범 중에 많이 볼 수 있습니다. 이런 사람을 만나면 금전 관계나 이에
수반되는 계약관계에 특히 주의를 기울여야 합니다.

사백안(四白眼)

눈동자가 작아 눈의 흰자위가 상하 좌우 사방으로 다 보이는 눈입니다. 이 런 사백안의 현상은 정신적인 충격으로 실신하기 직전 잠깐 보이기도 합니다. 일 만 명 가운데 한 명 정도가 이런 눈을 가 지고 태어난다고 합니다. 이런 사백안의

사백안
(눈의 흰자위가 상하좌우 보임)

눈을 가진 사람은 한 끼의 식사를 위하여 사람을 해치는 한마디로 포악무 도한 범죄자에게 많이 볼 수 있는 눈입니다. 따라서 이런 종류의 눈을 가 진 사람과 만나면 항상 조심하고 신중하게 접근할 필요가 있겠습니다.

관상학에 적관동(赤貫瞳)이란 말이 있습니다. 붉은 핏줄이 가로로 눈 동자를 뚫은 것을 말합니다. 눈동자는 생명인데 불기운이 뚫어 버린 것입 니다. 즉 생명이 불에 탄다는 말입니다. 이런 눈을 가진 사람은 큰 사고 에 대비하여 항상 신중하게 행동해야 합니다.

『달마상법』에서는 경계해야 할 눈을 이렇게 언급하고 있습니다. 사람 을 볼 때 눈동자를 가만히 두지 않고 좌우로 굴리면서 상대방을 보는 사 람과, 시력이 나쁘지도 않은데 눈을 가늘게 뜨고 보는 사람은 상대방을 이용하여 자기의 이득을 취하려고 하는 사람이라고 하였습니다. 그리고 옆으로 훔쳐보는 사람은 '도둑의 눈'이라 하여 남의 물건을 훔쳐 자기의 욕 심을 채우는 사람이라고 했습니다. 자주 깜박거리면서 사람을 응시하는 눈은 상대방의 약점을 찾아 공격하는 사람입니다. 생각이 많아 우울해 보 이는 눈은 자기의 감정을 속이고 상대방에게 의지하여 추구하는 목적을

이루려는 사람이라 하여 경계해야 한다고 했습니다.

　또한 바라보는 시선이 항상 아래를 보는 사람은 남모르는 독함이 있고, 높은 곳을 보는 사람은 물결이 바위에 부딪치는 것처럼 마음이 산란한 상태이며, 보는 것을 정할 수 없이 어지럽게 보는 사람은 음란한 사람이라고 했습니다. 또한 노려보는 것같이 사람을 바라보는 사람은 사나운 사람이며, 멀리 내다보는 사람은 목적한 뜻이 확고한 사람이라고 했습니다.

　맹자는 '상대방을 알려면 눈을 보는 것보다 더 좋은 방법은 없다(存乎人者 莫浪於眸子)'라고 하였습니다. 즉 악독함과 선함을 구분하려면 그 사람의 눈을 보면 알 수가 있습니다. 눈동자는 나 자신입니다. 사람을 볼 때 눈동자를 자주 움직이지 않고 편히 바라보는 사람은 품격이 높은 사람입니다. 반대로 눈동자를 가만히 두지 않고 보는 사람은 품격이 낮은 사람입니다. 눈빛이 순하면 인생도 편안하고 눈빛이 불안하면 인생도 파란만장하다고 합니다. 따라서 인생을 편안하게 살려면 상대방을 바라볼 때 눈을 편안히 하고 바라봐야 합니다.

15

가정교육을 잘 받고 자란 사람은

– 귀를 보세요 –

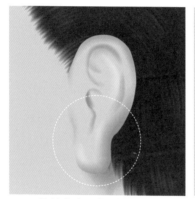

❶ 살이 많고 귓불이 늘어진 귀

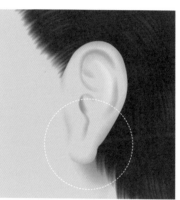

❷ 살이 없고 귓불이 작은 귀

❶ 정답

귀가 뾰족하면 마음도 뾰족하다

귀는 고막을 통하여 소리의 진동을 뇌에 전달합니다. 즉 안테나와 같이 외부 정보를 수집하여 내부로 보내주는 역할을 담당합니다. 관상학에서 귀는 유년기의 성장환경을 보는 부분입니다. 화목한 가정에서 반듯하게 자란 사람은 둥글며 살이 많고 귓불이 늘어진 귀를 가지고 있는 경우가 많습니다.

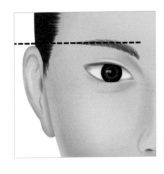
귀의 높이는 눈썹의 위치와
비슷해야 한다

　귀를 볼 때는 먼저 색을 살피고 그 다음에 모양을 살펴야 합니다. 귀는
무조건 크다고 좋은 것도 아니고 작다고 나쁜 것도 아닙니다. 다만 귀 테
두리가 두텁고 귓불의 모양이 좋으며 안정감이 있는 귀를 좋은 귀라고 합
니다. 귀의 높이는 눈꼬리와 비슷해야 하며 귓불이 아래로 크게 늘어져 마
치 부처님의 귀와 같다면 포용력과 배려심이 있으며 지혜로운 성격을 가진
사람이라고 합니다.

　귀의 위치가 얼굴 앞쪽에 가까우면 가까울수록 본능이 많이 자리잡고
있어 성욕이나 감성의 지배를 많이 받는 편입니다. 반면 얼굴 뒤쪽으로 붙
어 있으면 본능보다 이성(理性)이 발달하여 이성적인 판단을 잘하는 사
람입니다. 그러나 비만한 사람은 귀가 얼굴에 바짝 붙어야 좋고, 마른 사
람은 적당히 떨어져 있어야 좋습니다.

　강태공은 80세에 세상에 나와 추구하는 목표를 이루었습니다. 강태공
의 귀는 구슬과 같은 귓불이 있고 또한 입을 향해 가지런하게 있다고 해서
이를 명주출해(明珠出海)라고 명명했습니다. 명주(明珠)란 귓불을 말하
는 것이고 출해(出海)는 귓불이 늘어져 입을 향하여 있는 것을 말합니다.
따라서 귓불은 입을 향해 있어야 좋습니다. 귓불이 주머니처럼 늘어지면

부드러운 성격으로 매사 모든 일을 순리대로 처리하는 사람입니다. 귓불은 늘어질수록 지혜와 자비로움이 가득합니다. 큰 귓불을 가지고 있는 사람은 경제적인 성공으로 평생 평온한 삶을 삽니다.

귓구멍이 큰 사람은 선이 굵고 성격이 대담하며 적극적인 성격의 소유자입니다. 또한 남의 말을 주의 깊게 잘 들으며 언행에 품위가 있고 사회성이 있어 사회적 지위가 높아집니다. 반면 귓구멍이 작으면 인심이 사납고 남에 대한 배려심이 부족하며 스케일이 작아 큰일을 해내지 못합니다. 귓구멍의 크기는 자기의 검지손가락이 들어가면 표준으로 봅니다.

귓바퀴가 아주 얇아 마치 종잇장처럼 생겼으면 성격이 차갑고 매몰차정이 없는 사람입니다. 반대로 귓바퀴가 두꺼운 사람은 정이 많고 다정한 성격의 소유자입니다. 귓바퀴의 윤곽이 뚜렷하면 마치 저수지의 제방 둑이 튼실한 형상과 같아 아주 좋습니다. 그러나 귓바퀴가 꽃이 만개한 것처럼 뒤집혀 올라오면 좋지 않습니다. 귓바퀴의 위나 또는 아래가 뾰족하여 마치 이리나 여우의 귀처럼 생겼다면 포악하고 난폭한 성격으로 주위 사람들에게 피해를 주는 사람입니다. 귀의 윗부분을 관상학적으로 이각(耳角)이라고 합니다. 이곳이 뾰족하면 이리의 귀(狼耳)라 해서 아주 심성이 사납고 독살스럽습니다. 귀 아래가 뾰족하다면 매우 냉정하여 아무리 오래 사귄 친구라도 단번에 절교하는 성격입니다. 따라서 이런 사람과 인간관계를 맺을 때에는 특히 신중해야 합니다.

귀는 신장(콩팥)을 보는 부위이므로 귀가 깨끗하고 환하게 생기면 신장이 좋습니다. 귀의 색깔이 탁하고 깨끗하지 못하면 신장에 이상이 있어 소변이 시원하게 나오지 않는 등 건강에 이상이 있습니다. 귓바퀴가 아주

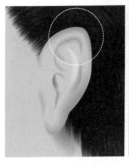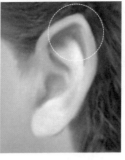

위가 뾰족한 귀(耳角)

얇은 사람은 만성적인 질병에 시달리며 암 예방에 주의를 기울여야 합니다. 귀의 색깔이 얼굴색보다 희면 이백과면(耳白過面)이라 해서 좋은 일이든 나쁜 일이든 이 세상에 이름을 떨치게 됩니다.

혹자는 장수하는 사람은 귀가 크다고 이야기합니다. 귀는 우리 몸에서 가장 늦게까지 성장합니다. 그래서 노인의 귀가 큰 이유가 여기에 있습니다. 즉 귀가 큰 사람이 장수하는 것이 아니라, 장수하기 때문에 귀가 큰 것입니다. 이빨은 나이가 들면서 빠지지만, 귀는 가장 늦게까지 성장합니다. 이런 이유는 나이가 들면서 말은 적게 하고 상대방의 말은 많이 들어야 한다는 그런 뜻이 아닐까요?

16

잔인하고 독한
성격을 가진 사람은

– 치아를 보세요 –

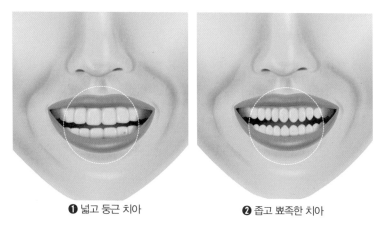

❶ 넓고 둥근 치아　　　❷ 좁고 뾰족한 치아

❷ 정답

송곳니가 큰 사람은 담력(膽力)이 세다

　우스갯소리로 담배를 끊으면 일망(一亡)이라 하고, 술을 끊으면 이망(二亡), 섹스를 끊으면 삼망(三亡), 곡기를 끊으면 사망(四亡)이라는 말이 있습니다. 건강한 치아는 오복 가운데 하나로 치아가 좋아야 잘 먹고, 잘 먹어야 건강합니다. 따라서 치아는 최고의 효자라고 합니다. 아무리

효심이 높은 자식이라고 한들 어버이에게 음식을 씹어줄 수는 없기 때문입니다. 따라서 건강한 치아는 효도하는 어떤 자식보다 낫다는 것이 여기에서 유래된 말입니다.

치아는 우리가 삶을 영위하는 데 매우 중요한 요소 중 하나입니다. 살이 음(陰)이라면 뼈는 양(陽)이어서 치아를 통하여 음식을 씹어 몸에 제공함으로써 몸의 양기를 유지하게 됩니다. 따라서 망가진 치아가 있다면 어느 정도 경제적 지출을 감수하더라도 인공적인 치아를 해 넣는 게 좋습니다.

인간의 치아 개수는 개인적 편차가 다소 있지만 28개에서 32개입니다. 윗니 14개~16개, 아랫니 14~16개입니다. 관상학에서 치아가 34개이면 극히 귀한 사람이고, 32개 이상이면 건강하고 경제적 능력이 있는 사람이고, 32개 이하이면 주로 평범한 삶을 사는 사람이라고 했습니다. 따라서 치아의 개수가 많으면 많을수록 좋다고 했습니다.

치아는 한 집안의 울타리 역할을 합니다. 치아가 촘촘하지 않으면 마치 엉성한 울타리와 같아 도둑이 들어 재산상의 손실을 볼 수 있습니다. 울타리는 물샐틈없이 촘촘하여 마치 석류씨가 박힌 듯 고른 이가 좋은 치아라고 말할 수 있습니다. 또한 건강한 치아는 기본적으로 둥글고 정돈되고 가지런하며 커야 합니다. 치아가 둥글고 가지런하고 크지 않으면 가난하며 어리석은 사람이라고 합니다. 만약 치아가 오이씨처럼 듬성듬성 생기거나 일명 귀신 이빨처럼 이가 뾰족하게 못생기면 경제적으로 어려움을 겪게 됩니다. 또한 성격은 모질고 독하여 주위 사람들을 힘들게 합니다. 치아가 너무 길면 성격이 사납고, 덧니가 어지럽게 많으면 감정의 기복이 심하고 흥분을 잘하는 사람입니다. 치아가 짧으면 생각이 짧고 판단력이 떨어져 사회생활에 문제가 생기기도 합니다. 치아의 색깔은 백색이 아닌 옥색이 좋습니다. 이가 희어 마치 옥과 같다면 사회적으로 확고한 지위와 경제적인 부를 축적하며 생활할 수 있습니다.

　치아는 몸에서 유일하게 밖으로 드러나 있는 뼈이기도 합니다. 호랑이 · 사자 등 육식동물은 먹잇감을 사냥할 때 또는 서열 다툼을 할 때, 그리고 자기 자신을 보호할 때 무기로 이빨과 발톱을 사용합니다. 육식동물은 어금니가 없고 송곳니만 있습니다. 왜냐하면 사냥한 먹이를 송곳니로 뜯어 삼키기만 하면 되기 때문입니다. 반면에 소 · 말 등 초식동물은 송곳니가 없고 대신 어금니만 있습니다. 초식동물은 식물을 잘게 씹어 위로 보내야만 소화를 시킬 수 있기 때문입니다. 거친 들판에서 동물을 사냥하는 육식동물은 성격이 포악하고 잔인할 수밖에 없습니다. 따라서 사람의 치아도 뾰족하여 마치 육식동물의 송곳니와 같거나 상어 이빨과 같이 뾰족하다면 잔인하고 모진 성격의 소유자입니다. 따라서 인정사정 없이 모든 일을 처리하여 다른 사람들로부터 원망을 사는 일이 많습니다. 그러나 송곳니가 큰 사람은 담력이 세며 추진력이 강하여 어려운 일들을 무난히 술술 처리합니다. 그리고 송곳니가 큰 사람은 육식을 좋아하는 특징을 가지고 있습니다.

　반면 초식동물은 온 천지에 널려 있는 풀들이 많아 구태여 경쟁하면서 살지 않아도 됩니다. 따라서 성격도 편안하고 순할 수밖에 없습니다. 사람의 치아도 위는 좁고 아래는 넓은 소 이빨을 닮으면 원만하고 포용력이 있으며, 정이 많습니다. 어금니가 크고 발달하여 있다면 의리가 있고 매사 신중한 성격으로 남을 배려하는 사람입니다. 이런 사람은 채식을 좋아합니다. 이렇듯 치아의 모양을 통하여 그 사람의 성격과 식습관을 알 수 있습니다. 또한 치아는 학문의 성공 여부를 보는 부위이기도 합니다. 윗앞니 2개가 크고 후하면 소신이 강하고 학문으로 성공할 수 있으며 국가에 충성하고 부모에게 효도하는 사람입니다. 반면 쥐 이빨처럼 작고 짧으며 가늘고 엉성하면 책상 앞에서 만권의 책을 읽어도 학문으로 성공하기가 어렵습니다.

『삼국사기』에 따르면 신라 제2대 남해 왕이 죽을 때 아들 유리와 사위 탈해(脫解)에게 "내가 죽은 후 너희 박(朴)씨, 석(昔)씨 두 성 중 연치(年齒)가 많은 사람이 왕위를 이으라"고 당부하였습니다. 따라서 유리와 탈해 중 연치(年齒 : 치아의 개수가 많은 것)가 많은 유리가 먼저 왕위를 이은 까닭에 왕호를 이사금(尼叱今), 치질금(齒叱今)이라고 하였다는 설화도 있습니다.

17

술값 밥값을
잘 내는 사람은

- 손의 길이와 모양을 보세요 -

❶ 가늘고 긴 손　　　　❷ 뭉툭하고 짧은 손

악수만 해도 그 사람이 부자인지 아닌지 알 수 있다

　옛날 시골의 소 장사꾼들은 소의 배 그리고 엉덩이를 손으로 슬쩍 만져보고 그 감촉만으로도 이 소가 건강하게 잘 클 소인지 아닌지를 척 알아보곤 했습니다. 우리는 일정한 직업이 없는 사람을 백수(白手)라고 합니다. 사전적인 의미로 '일을 하지 않아 손이 흰 것'을 일컫는 말입니다. 관상학적으로도 사람의 손 하나만 봐도 그 사람이 종사하게 될 직업까지도 어느 정도 알아낼 수 있습니다. 손이 얇고 거칠면서 손가락 마디가 울퉁불퉁하다면 돈 복보다는 건강한 복을 받은 사람입니다.

따라서 기술을 보유하고 이를 바탕으로 살아가면 유리합니다. 대개 육체적인 노동을 하는 사람의 손은 투박하고 큽니다. 반면 정신노동을 하는 사람은 육체적인 노동을 하는 사람에 비하여 손이 작은 경우가 많습니다. 이는 태어나면서부터 어쩌면 직업이 정해졌기 때문일지도 모르는 일입니다. 악수할 때 다섯 손가락을 쫙 펴서 흔들며 인사하는 사람은 성격이 시원시원해서 뒤끝이 없습니다. 엄지를 붙여서 살며시 조심스럽게 손을 내미는 사람은 성격이 치밀하고 내성적이며 소심한 사람으로 항상 남을 배려하는 사람입니다.

독자 여러분은 손이 짧고 뭉툭한 사람이 생활력이 강하다고 생각하세요? 아니면 손이 가늘고 긴 사람이 생활력이 강하다고 생각하세요? 물론 손이 짧고 뭉툭한 사람이 생활력이 강하다고 생각할 것입니다. 그러면 음식을 먹은 후 술값이나 밥값은 누가 잘 낼까요? 당연히 생활력이 강한 사람보다는 손이 가늘고 긴 사람이 감성적이어서 술값이나 밥값을 잘 냅니다. 손가락이 뭉툭하고 짧고 굵으면 생활력이 강한 사람입니다. 이런 사람은 남에게 좀처럼 베풀지 않아 술값이나 커피값을 잘 내지 않습니다. 반대로 손이 길어 마치 부처님 손과 같이 둥글고 쪽 빼어나면 말하기 전에 커피값이나 술값, 밥값을 척척 낼 정도로 적극적인 사람입니다. 따라서 술값이나 밥값을 낼 것인지 안 낼 것인지는 손만 봐도 알 수가 있습니다.

또한 사람은 서로 악수만 하여도 그 사람이 부자가 될 사람인지 아닌지를 알 수 있습니다. 부자가 될 사람은 손이 두텁고 부드럽습니다. 일명 두꺼비 손이라고 합니다. 이런 두꺼비 손은 자수성가하여 부를 축적하는 사람입니다. 즉 물려받은 재산 없이 자신의 힘으로 가정을 일으켜 세운 사람입니다. 그러나 이런 사람과 술자리를 같이할 때는 조심해야 합니다. 왜냐하면 두주불사(斗酒不辭)의 주량으로 보통 사람을 능가하기 때문입니다.

손바닥이 부드럽고 두텁고 밝은 홍색이 나면 매우 큰 부(富)를 이룹니다. 반면 손바닥이 암흑색이면 경제적인 어려움으로 고생을 하게 됩니다. 손의 색은 밝아야 하며 손가락이 길고 손금은 가늘고 뚜렷해야 합니다. 또한 손등은 살이 있고 밝아야 좋은 손입니다. 또한 손이 부드럽고 연하며, 따뜻해야 합니다. 손이 부드럽고 따뜻한 사람은 성격이 부드럽고 온화한 사람이며 정신적인 직업에 종사하게 됩니다. 반면 손이 투박하고 차가우면 마음도 차가워 주위에 사람이 머물지 않으며 육체적인 직업에 종사하게 됩니다. 손가락이 가늘고 길면 예술적 자질이 있어 예능 분야에 서 성공할 수 있습니다.

여성이 손이 길면서 크다면 대외활동에 능하여 가정에 경제적인 도움을 줍니다. 남성이 몸이 크나 손이 작으면 정신적이든 경제적이든 배우자에게 의지하여 살아가는 사람입니다.

손금은 뚜렷하고 깊게 형성되어 있는 것이 좋습니다. 얕거나 어지럽거나 문란하면 모든 하는 일들이 마치 난마(亂麻)처럼 얽히게 되어 좋지 않습니다. 또한 손금이 엷으면 품고 있는 뜻과 마음도 얇고, 손금이 뚜렷하고 깊으면 품고 있는 뜻과 마음도 깊습니다. 그리고 손톱은 근육의 남음으로 두터워야 하며 손톱이 넓고 두터우면 주로 담대한 성격으로 선이 굵고 시원시원한 사람입니다.

18

보스 기질이 있는 사람은

- 머리를 보세요 -

춘추전국시대 월왕 구천은 오나라를 멸망시켰습니다. 신하들은 오나라를 멸망시킨 충신 범려에게 상을 주는 게 어떻겠느냐고 건의를 하였습니다. 범려는 월왕 구천의 책사로서 30년을 구천을 위해 살았습니다. 그러나 월왕 구천은 오히려 신하들에게 불쾌한 기색까지 보이며 이를 무시하였습니다. 이를 지켜본 범려는 "이 사람은 고생은 같이해도 기쁨은 같이할 수가 없구나"라고 홀로 탄식하고 그의 곁을 떠났습니다. 이와 같이 부하들을 부리려고만 하고 적절한 대우를 하지 않는 경영자는 보스 기질이 없다고 말합니다. 반면 부하들과 고난을 함께하고 부하들을 잘 돌보는 경영자를 보스 기질이 있다고 말합니다. 사람들은 흔히 기골이 장대하고 힘이 장사이며, 카리스마가 넘쳐나는 것 등을 보스 기질이라고 합니다. 그러나 진정한 보스 기질은 남을 이해하고 포용하며, 엄격하기도 하고 때로는 유연성이 있는 것을 말합니다. 즉 다른 사람들에게 강요나 협박을 하지 않아도 스스로 상대방을 무릎 꿇게 하는 높은 수준의 품격을 말합니다. 관상학적으로 분석할 때 보스 기질이 있는 사람을 다섯 가지로 나눌 수가 있습니다.

첫째, 머리가 큰 사람

우리는 머리가 큰 사람을 놀림조로 대갈 장군이라고 부르곤 합니다. 머리가 크면 배포가 크고 포용력이 있는 장군감이라는 뜻입니다. 다시 말해 몸에 비해 머리가 크면 보스 기질이 있다고 말할 수 있습니다.

동물 중 머리 큰 동물인 호랑이, 사자, 올빼미 등 최고의 자리에 오른 동물은 밤에 편히 잠을 잡니다. 반면 여우, 참새, 족제비 등 머리가 작은 동물은 밤에 편하게 자지 못합니다. 머리가 큰 사람은 한 사람의 비위만 맞추면 되지만 머리가 작은 사람은 여러 사람의 비위를 맞추어야 합니다. 여성이 머리와 얼굴이 크면 활동적인 사회생활을 하는 것이 좋습니다. 반대로 여성의 머리가 작으면 활동적인 사회생활보다는 조용히 혼자 일하는 생활이 어울립니다.

머리가 큰 동물들

머리가 작은 동물들

둘째, 살이 적당히 감싸준 넓적하고 둥근 턱을 가진 사람

턱이 넓고 두둑해야 많은 사람을 다스릴 수 있습니다. 넓고 두둑한 바가지일수록 많은 물을 담듯 이런 턱을 가진 사람은 포용력이 있는 사람입니다. 턱의 모습이 마치 두 개로 보이는 이중턱도 여러 사람을 거느리는 지도자가 됩니다.

셋째, 입이 네모처럼 크게 생긴 사람

양쪽 눈 동공의 사이보다 입이 더 크면 '큰 입' 입니다. 이런 사람들은 대개 호탕하고 대범한 성격을 보입니다. 그래서 사람들에게 신망을 얻고 높은 자리에 오르게 됩니다. 또한 입이 큰 사람은 행동력이 뛰어나고, 결단

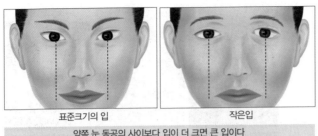

| 표준크기의 입 | 작은입 |

양쪽 눈 동공의 사이보다 입이 더 크면 큰 입이다

력이 있고, 사람들을 위해서 리더 역할을 자처하곤 합니다. 네모 입을 가진 사람은 큰 일을 도모해서 성공한 사례를 많이 볼 수 있습니다.

넷째, 눈이 약간 튀어나온 사람

눈이 약간 튀어나온 사람은 직감력이 뛰어나고 사람의 마음을 읽어내는 통찰력이 있습니다. 더욱이 윗눈꺼풀까지 두꺼운 사람은 굉장한 활동가이자 사업가입니다. 이런 눈을 가진 사람은 샐러리맨으로 출발해 그 분야에서 최고의 자리에 오를 사람입니다.

다섯째, 정사각형 얼굴을 가진 사람

정사각형의 얼굴은 남성들에게서 많이 볼 수 있는 얼굴입니다. 활동적이고 신뢰감을 주는 대장부형으로 무리의 리더가 됩니다. 또한 중년에 성공해 자기 기반을 확실히 다지며 경제적으로도 여유로운 생활을 하게 됩니다.

19

자녀를 출세시키는
부모의 얼굴은

− 눈 밑 애교살을 보세요 −

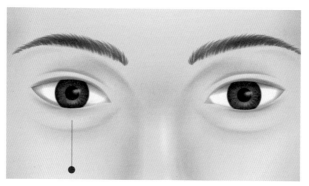

애교살(눈 밑 1센티미터 아래 볼록 튀어나온 부분)

자식농사는 부모의 '애교살'을 본다

태평성대를 이루었던 중국 고대의 성왕(聖王)인 요(堯)임금이 먼 곳을 여행할 때였습니다. 화(華)라고 하는 지역에 갔을 때, 그곳 국경 수비대장이 그를 알아보고 "성인이신 요임금이 아니십니까? 소인이 성인을 축복하는 영광을 베풀어 주시기 바랍니다. 바라건대 성인께서는 부디 오래오래 수(壽)를 누리십시오"라고 했습니다. 그러나 요임금은 "고맙지만 사양하겠네"라고 했습니다. 그러자 다시 "성인께서는 부디 세상의 가장 큰 부(富)를 누리시기 바랍니다"라고 했습니다. 이에 요임금은 "그것도 받아들이고 싶지 않네"라고 했습니다. 다시 "그럼 건강하고 훌륭한 아드님을 많이 두시기 바랍니다" 요임금은 이에 "그건 더더욱 사양하고 싶다네" 라고 했습니다. 국경 수비대장이 이상하다는 듯이 말했습니다. "임금께서는 참 이상하십니다. 세상 사람 누구나 다 바라는 바를 어째서 임금께서는 마다하시는 것입니까?" 그러자 요임금은 이렇게 대답했습니다. "장수하게 되면 욕된 꼴을 많이 겪게 되고, 부자가 되면 그 때문에 골치가 아프며, 자식이 많으면 걱정거리가 끊이지 않는 법이라네. 내가 그대의 축원을 사양하는 것은 그 때문일세"라고 대답을 하였습니다. 여기에 나오는 마지막 대사에 "자식이 많으면 걱정거리가 끊이지 않는다"라는 대목이 있습니다. 무자식 상팔자(無子息上八字)라는 말이 여기에서 유래 되었습니다.

무자식 상팔자란, 자식 없이 홀가분한 것이 좋은 팔자라는 뜻입니다. 그러나 모든 생물체에 있어서 종족보존의 문제는 영리를 떠난 본능의 문제입니다. 인간은 태어나면서 자신의 유전자를 남기고 싶은 본능을 가지고 태어나며 이것은 식욕에 버금가는 강한 본능입니다. 심지어 목숨과도 바꿀 수 있는 이런 종족보존의 본능은 결국 자녀를 출산하고 교육을 시켜 어엿한 사회의 한 구성원으로 키워내는 것입니다.

우리 조상들은 자식을 가르치고 기르는 것을 '농사'에 비유할 정도로 자식농사를 중요한 덕목으로 여겼습니다.

관상학에서 자녀 관계를 보는 부분은 눈 바로 아래의 약간 도톰한 부분, 즉 애교살을 포함한 그 주위입니다. 이 애교살과 그 주위를 봄으로써

애교살   애교살

자녀를 몇 명 낳을지, 아들을 낳을지 딸을 낳을지 등을 판단하기도 합니다. 또한 이곳의 형태와 점, 색상 등을 참고해서 자식 복이 있느냐 없느냐, 또는 자식이 건강하게 사회생활을 잘하겠는지를 보게 됩니다.

관상학 서적인 『마의상법』에서는 이 애교살 부분에 도톰하게 살이 적당히 있고 윤기가 나는 사람은 대체로 착한 자녀들을 두며 자식 복이 있다고 말합니다. 또한 이 부위가 보기 좋을 만큼 통통하게 살이 쪄 있는 사람은 성기능이 건강하고 슬하의 자녀가 다 잘되는 좋은 관상이라고 말합니다.

눈 주위 애교살이 깔끔하고 깨끗해야 인상도 좋고 상쾌해 보입니다. 그러나 이 애교살 부분에 살이 없이 메말랐거나, 진흙이 뭉쳐져 있는 것처럼 탁한 색을 보이면 좋지 않습니다. 주색과 유흥, 그리고 신경과민 등으로 소녀가 피곤하면 이런 현상을 보이게 됩니다.

애교살이 움푹 들어간 사람은 자녀와의 인연이 없어 일찍 헤어져 살게 됩니다. 이곳에 사마귀나 점이 있는 경우와 우물 정(井)자 모양의 잔금이 있으면 자녀와의 인연이 약하며 애써 자식을 기른다고 해도 자식과의 관

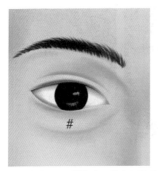
애교살에 우물 정(井)자 모양의 주름이 있으면 좋지 않다.

계가 별로 좋지 않게 됩니다. 따라서 애교살에 우물 정(井)자 모양의 잔금이나 사마귀 등이 있다면 수술을 통하여 제거해 주는 것이 좋습니다.

눈이 함몰되고 들어가 있거나, 눈 아래 두덩이가 꺼져 검은색이나 푸른색이 나타나면 부부관계가 좋지 않으며 자식으로 인하여 마음고생을 하게 됩니다. 또한 남녀를 막론하고 난잡한 성생활을 하면 이 애교살 부분에 탁한 암색이 나타납니다. 즉 과다한 성행위로 인한 생식기의 문제로 탁한 색을 보이기 때문입니다.

산모(産母)가 오른쪽 애교살이 더 윤기가 있고 불룩하면 남자아이를, 왼쪽 애교살이 더 윤기가 있고 불룩하면 여자아이를 잉태 중이라 판단하는 방법도 있습니다. 출산할 때 애교살에 창백한 흰색이 나거나 붉은색이 나타나면 산고(産苦)가 심할 수 있으니 특히 주의해야 합니다. 사서삼경 중 하나인『시경』에는 '눈 아래 언저리(애교살 부분)가 누에가 누워 있는 것과 같이 볼록하고 맑고 자연스러운 광채가 나면 좋은 아이를 출산하게 된다'고 했습니다. 또한 '어지러운 주름이 애교살을 침범하게 되면 일생 감당하기 어려운 빚을 지고 살게 된다'라고 했습니다.

이 밖에도 입의 모양이 돌출되어 마치 호롱불을 부는 것과 같으면 난초 향기가 가득한 방에 홀로 앉아 오지 않는 아들을 기다리는 외로운 노년을 보내게 된다고 했습니다. 또한 인중에 움푹 파인 골이 없이 평평하면 자식을 얻기 어려우며, 있더라도 멀리 보내 서로를 그리워하며 살게 된다고 했습니다. 남녀 누구를 막론하고 애교살에 검고 탁한 색이 나는 사람은 유산소 운동을 통하여 혈색을 개선해야 합니다.

『주역(周易)』의 64괘 중 36번째 괘는 '지화명이(地火明夷)' 괘입니다. 이 괘의 괘사(卦辭)를 뜯어 보면 "밝음이 땅 속에 들어가 있어 밝음이 상처받고 있는 상황이다"라고 되어 있습니다. 암흑기인 이런 시기를 벗어나는 것은 고통스럽습니다. 그러나 아무리 힘들고 어렵더라도 굳은 신념을 가지고 기다리며 버티어내야 합니다.

늪에 빠졌을 때 벗어나고자 발버둥치면 더욱더 빠져들어 갑니다. 큰 대(大)자로 팔다리를 벌리고 편안히 누워서 구해 주러올 사람을 기다리는 것도 상황을 타개하는 한 방법입니다. 내 얼굴에 탁한 색이 나타나 사라지지 않으면 조용히 마음을 잘 다스려 탁한 색이 사라질 때까지 기다리면서 다가올 미래를 준비하는 것도 이 세상을 살아가는 좋은 방법 중의 하나입니다.

20

남편 복 아내 복 있는
얼굴은

– 눈꼬리와 턱을 보세요 –

눈꼬리

눈꼬리는 나의 배우자를 나타낸다

필자는 관상과 인간경영이라는 주제로 많은 강의를 합니다. 여건상 직장에 소속된 직원이다 보니 외부 출강은 휴일이 아닌 이상 도저히 나갈 수가 없습니다. 직원을 상대로 많은 관상 강의를 하다 보면 특히 가장 관심을 가지고 질문하는 부분이 "나는 남편 복(또는 아내 복)이 있느냐?"라는 것입니다. 얼굴을 통해서 나의 배우자가 어떤 사람인지 알아볼 방법이 있습니다. 관상학에서 부부관계를 보는 부분, 즉 부부간의 애정이라든지 사랑의 척도를 보는 부분이 바로 눈꼬리 부분입니다. 좀 더 구체적인 위치는 눈의 끝부분 동전 하나 정도 크기의 부위를 말합니다. 관상학 용어로는 간문(奸門)이라고 합니다. 또한 이 부위의 모양이 물고기의 꼬리와도 같다고 해서 어미(魚尾)라고도 합니다. 남성의 경우 아내와 본처가 아닌 여자관계를 보는 부위입니다. 그리고 여성의 경우 남편 또는 남편이 아닌 남자관계를 볼 수 있는 부위입니다. 남자는 왼쪽의 간문(눈꼬리)을 배우자의 위치로 보고 여자는 오른쪽 간문을 배우자의 위치로 봅니다.

간문이 깨끗한 사람은 부부간에 화목합니다. 간문이 깨끗하면 여성은 좋은 남편을 만날 수 있고 남성은 좋은 부인을 만날 수 있습니다. 눈꼬리 부위에 열 십(十)자 무늬나 우물 정(井)자 무늬 또는 많은 주름이 있으면 부부 간에 화합하지 못해 늘 대립하게 됩니다. 또한 검은 점이 있거나 흠이 있으면 폭력적인 남편과 안하무인의 부인을 만

눈꼬리에 복잡한 주름이 있으면 좋지 않다

나게 되어 가정이 평안하지 못하게 됩니다. 여성의 경우 간문이 밝은 듯하나 너무 창백하고 살이 없으면 부인병(婦人病)으로 고생하게 됩니다. 간문에 주름이 한두 개 있으면 사교적이고 이성 간에 교제가 능통하여 이성을 잘 사귀게 됩니다. 그러나 너무 지나쳐서 주름이 많으면 도리어 이성과의 관계가 더욱 복잡하게 꼬여 가정이 파탄으로까지 이어지기도 합니다.

결혼 적령기에 있는 남녀의 눈꼬리가 아름답게 빛이 나고 윤기가 흐르게 되면 틀림없이 좋은 배필이 나타날 징조입니다. 반면 간문에 윤기가 없고 침침하여 검은색이 돌면 애인이 있어도 이별을 하게 되고 남녀 간에 나쁜 일이 있을 수 있으므로 조심해야 합니다. 부부가 화목하면 눈꼬리에

주황색이 나면서 윤택해지게 됩니다. 반면 부부가 반목하고 불화하면 눈꼬리에 검고 칙칙한 색을 띠게 됩니다. 남편이 바람을 자주 피우면 아내의 눈꼬리가 검고 푸른색이 돌며, 아내가 부정하여 다른 남자에게 눈길을 주면 남편의 눈꼬리에 검고 푸른색이 나타나게 됩니다. 눈꼬리에 지나치게 많은 주름이 있다든지 아니면 검푸른 색이 돌면 배우자에게 좋지 않은 문제가 생길 수가 있으니 조심해야 합니다.

　원래 부부란 이성(異性)끼리 만나 가정을 이루고 알콩달콩 살아가게 됩니다. 성격이 맞으면 다행이지만 모든 사람이 꼭 맞을 수만은 없습니다. 그렇지만 서로 이해하고 동정하며 살아가다 보면 그 속에서 정이 싹트게 됩니다. 따라서 간문이 나쁘다고 해서 경솔한 행동은 삼가는 것이 좋습니다. 누구나 처음에 좋은 간문을 가지고 있더라도 마음과 행동이 좋지 못하면 간문이 점점 어둡게 변하고 인생도 어둡게 살게 됩니다. 그러나 마음과 행동을 선하게 하면 시간이 다소 걸리더라도 간문이 환한 주황색으로 변하면서 부부관계가 복원되고 행복한 가정을 영위할 수 있게 됩니다.

　이 밖에도 배우자를 보는 부분으로 미간, 턱, 손이 있습니다. 우선 미간의 넓이는 자신의 엄지손가락 2개가 들어가면 표준입니다. 미간이 너무 넓으면 남녀 모두 신체적으로 조숙하며 정조관념이 부족합니다. 반대로 미간이 좁으면 남녀 모두 신경질적인 성격으로 상대방에게 편안함을 주지 못해 원만한 가정을 유지하기 어렵습니다.

　남자나 여자나 턱이 생명입니다. 턱은 풍부하고 여유가 있어야 합니다. 요즘말로 브이(V) 라인이라고 불리는 턱은 배우자 복이 많은 턱이 아닙니다.

끝으로 손을 봅니다. 손은 남자나 여자나 너무 큰 손은 좋지 못합니다. 죽간을 벗긴 듯 가늘고 매끈한 손이 좋은 손입니다. 손가락 마디가 벌어지는 손은 좋지 않은 손입니다. 여자가 남자와 같은 손모양을 가지고 있으면 험한 일을 해서 먹고 살아갈 확률이 높습니다. 손가락이 가늘고 긴 사람은 정신적이고 지적인 일에 종사하게 됩니다. 반대로 손이 짧고 험한 사람은 육체적인 일에 종사하게 됩니다.

제2부

내 얼굴에 숨겨진
7가지 비밀

얼굴에 내가 숨어있다.
사람의 마음을 보여주는 현미경이 바로
'관상'이다.

01

이런 얼굴 조심해야

•••배반할 관상

중국 송나라에 채경이라는 사람이 말단 하위직에 있을 때의 일입니다. 채경은 햇볕이 강렬하게 내리쬐는 한낮에 해를 쳐다보면서도 눈을 전혀 깜빡이지 않았습니다. 이를 보고 모든 사람은 그가 장차 귀한 신분이 될 것이라고 칭찬했습니다. 하지만 간관(諫官·임금의 잘못을 알리는 신하)으로 명성이 높았던 진관은 다르게 봤습니다. 그는 "그의 정신력이 이와 같으니, 훗날 반드시 귀한 신분이 될 것이다. 그러나 그는 타고난 자질을 뽐내서 감히 해에 대적하니, 이 사람이 훗날 권세를 잡으면 필시 사욕을 부려 임금을 배신하고 방자하게 굴 것이다"라고 말하였습니다. 보통 사람이 하기 어려운 모진 심성을 지녔기 때문에 보통 사람이 하기 어려운 일을 한다고 봤던 것입니다.

당시에는 사람들이 이를 믿지 않았으나 과연 그의 말대로 채경은 훗날 권력을 잡았습니다. 그리고 사마광 등을 배신하여 몰아내고 전횡을 일삼아

'육적(六賊)'에 포함되는 지탄을 받기도 했습니다.

고사성어에 '감탄고토(甘呑苦吐)'라는 말이 있습니다. 비위에 맞으면 받아들이고 안 맞으면 배반한다는 말입니다. 이해관계에 따라 이로우면 붙기도 하였다가 이롭지 않으면 돌아서기도 하여 서로 믿음이 없는 행위를 가리킵니다. 우리 속담에 '달면 삼키고 쓰면 뱉는다'와 같은 말입니다.

우리는 복잡하고 경쟁적인 사회에 살다 보면 다른 사람으로부터 배신을 당하여 사회생활에 어려움을 겪기도 합니다. 따라서 이런 사람들에게서 벗어나거나 배신당하지 않고 사는 삶의 지혜를 터득할 필요가 있습니다. 『마의상법』, 『달마상법』, 『유장상법』, 『면상비급』 등 관상법에서 말하는 배반하는 사람의 특징은 대부분 대동소이(大同小異)합니다. 따라서 이 관상 서적 내용 가운데서 사람을 배신하는 사람의 공통적인 요소만 간추려 소개하도록 하겠습니다.

이리나 뱀과 같이 걸음을 걷는다

이리와 같이 걷는다는 것은 머리를 숙이고 발보다 머리가 먼저 나오며 걷는 걸음걸이입니다. 뒤를 돌아볼 때도 몸을 돌리지 않고 머리만 돌려 마치 이리가 뒤를 돌아보듯이 돌아봅니다. 이런 사람은 집  단보다는 개인의 이익을 위하여 주위의 사람을 배신하고 해치는 사람입니다. 또한 뱀의 걸음걸이는 허리가 부드러워 흐느적거리며 신발을 땅에 끌다시피 걷는 사람입니다. 이런 사람은 마음이 독하고 인정사정이 없는 사람입니다.

뱀은 보통 교활함, 사기, 협잡의 상징으로 통하는데 관상학에서는 뱀처럼 걷는 사람을 악독하고 배신 잘하는 사람으로 보고 있습니다. 또한 뱀눈처럼 눈이 붉고 실핏줄이 눈동자를 침범하고 있는 사람은 웃음 뒤에 칼을 품은 사람으로 주위의 사람에게 큰 해를 끼치는 사람입니다. 이런 뱀눈을 가진 사람은 겉으로는 그 악함이 드러나지 않지만 막다른 시기에는 여지없이 그 본모습을 드러내는 악독한 사람입니다.

먹을 때 입을 오물거리며 먹는다

『유장상법』에 후찬서찬(猴餐鼠餐)이라는 말이 있습니다. 원숭이나 쥐가 음식을 먹듯이 깨작거리고 오물거리며 먹는 모습입니다. 이런 사람은 의리가 없고 십년지기인 친구를 한순간에 배신하는 사람입니다. 음식을 먹을 때는 소가 여물을 먹듯이 복스럽게 먹어야 의리가 있고 가치관이 뚜렷한 사람입니다.

머리 뒤에서 볼 때 양쪽의 턱이 보인다

머리 뒤에서 볼 때 양쪽의 턱이 보이는 사람은 융통성이 없고 은혜를 원수로 갚는 모진 성격의 소유자입니다. 한마디로 말하면 배은망덕(背恩忘德)한 사람이라고 할 수 있겠습니다. 그러나 자기 자신을 위해서는 큰일을 해내 어느 정도 사회적인 지위는 유지하는 사람입니다.

얼굴빛이 지나치게 푸르거나 검다

얼굴빛이 마치 저승사자의 얼굴처럼 검푸른 사람은 한 끼의 밥을 기꺼이 한 사람의 목숨과 바꿀 수도 있는 비정한 사람입니다. 얼굴빛이 지나치게 검은 사람은 정이 없고 차가운 사람입니다. 주위 사람의 어려움을 자기 출세의 디딤돌로 이용하는 사람입니다.

눈이 움푹 들어갔다

눈은 자기 자신입니다. 눈이 움푹 들어간 사람은 자기 자신을 감추고 배신의 독약을 마련하여도 다른 사람이 알 길이 없습니다. 또한 눈썹 털이 거꾸로 선 사람은 역모(逆毛)라고 해서 반역을 저지를 사람

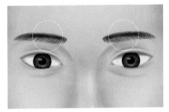

역모(逆毛) : 눈썹 털이 거꾸로 섬

입니다. 이런 사람은 스스럼없이 돌출행동을 하며 상대방을 궁지에 몰아넣고 자기의 이익만 탐하는 사람입니다.

손가락 끝이 둥글며 주걱같은 손

이런 사람은 반항심이 있습니다. 물질과 관련된 욕망이 강하여 돈이라면 목숨이라도 버리는 사람입니다. 사람을 밥 먹듯이 배신하며 직장의 상사를 꺾고 오르는 하극상을 일으키기도 합니다. 또한 남녀 모두 손이 지나치게 크면 힘들고 어려운 삶을 살게 됩니다.

주걱 손(손가락 끝이 둥긂)

아랫입술이 윗입술보다 더 내밀고 있다

관상학에서 윗입술을 하늘이라 하고, 아랫입술을 땅이라고 합니다. 아랫입술이 윗입술보다 더 내밀어져 있으면 땅이 하늘을 지배하려는 것과 같습니다. 이런 입술을 가진 사람은 자주 윗사람과 충돌하게 되며 상황이 변하면 미련 없이 상대방을 배신하는 사람입니다.

눈이 작고 매부리코이며 턱이 좁다

눈이 작고 코가 매부리코이면 배신할 가능성이 매우 높은 얼굴입니다. 또한 얼굴이 좁고 길면 의리가 없는 사람입니다. 특히 눈이 작아 뱁새(붉은머리오목눈이)의 눈과 같이 작고 동그랗다면 조직의 지휘계통을 무시하고 자기 멋대로 행동하는 사람입니다.

머리 뒤쪽에 뼈가 거꾸로 튀어나왔다

중국 고서『삼국지연의』에 보면 제갈량이 숨지면서 마대에게 유언으로 "위연은 머리에 반골(反骨)이 있으니 내가 죽은 뒤에 반드시 죽여라"라고 말했습니다. 그 후 결국 위연은 역모를 꾀하다 마대의 칼에 비참한 죽음을 맞습니다. 어쩌면 제갈량도 훌륭한 관상학자였습니다. 여기서 반골(反骨)은 뒤통수의 뼈가 거꾸로 툭 튀어나온 것을 말합니다.

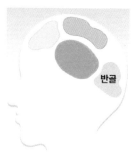

반골(反骨) : 뒤통수의 뼈가
거꾸로 튀어나옴

턱이 뾰족하고 좁다

　　이런 턱을 가진 사람은 지구력이 부족하며 변덕이 죽 끓듯이 심하여 아주 사소한 일로 쉽게 사람을 배신합니다. 아무리 친한 친구 사이라도 자기의 이해관계에 따라 하루아침에 입장을 바꿔 이익을 추구하는 사람입니다. 따라서 이런 턱을 가진 사람은 따르는 사람도 없고, 노후에도 고단한 삶을 살게 됩니다.

　　우리는 살다 보면 다른 사람으로부터 배신을 당하는 경우가 있습니다. 이럴 경우 자신이 배신당한 것을 여러 사람에게 알리지 말아야 합니다. 왜냐하면 다른 사람들이 당신을 동정하는 것이 아니라 어리석다고 오히려 헐뜯을 수가 있습니다. 따라서 배신의 아픔이 아무리 괴로워도 참고 자기 자신이 이겨내야 합니다. 이것이 바로 약육강식의 냉엄한 이 사회에서 살아가는 하나의 방법입니다.

••• 도둑의 관상

　　어느 날 관상 관련 강의를 마치고 휴식을 취하는데 어떤 분이 물어왔습니다. "혹 교수님은 지하철에서 남의 물건을 훔치는 소매치기를 알아볼 수 있습니까?" 독자 여러분은 지하철에 탄 소매치기범을 식별해 내는 것이 가능할까요? 아니면 불가능할까요?

　　결론부터 말하자면 가능하다는 것입니다. 보통 사람들은 지하철에 탑승

하게 되면 앉아 있든 서 있든 일반적으로 2가지 부류의 행동양식을 보입니다. 첫 번째 부류의 사람들은 어떤 하나의 사물에 집중한다는 것입니다. 즉 휴대전화를 본다든지 아니면 신문이나 책을 본다는 것입니다. 두 번째 부류의 사람들은 눈을 감고 있거나 어느 곳이든 한 곳을 응시하는 경우입니다.

앞 장에서 언급했듯이 관상학에서는 사람을 바라볼 때 눈동자를 움직이지 않고 편안히 사람을 보아야 품격이 높은 사람이라고 했습니다. 따라서 우리가 경계해야 할 사람은 눈동자를 가만히 두지 않는 사람입니다. 즉 눈을 상하좌우로 수시로 움직이는 사람입니다. 소매치기범은 눈동자를 가만히 두지 않고 산만하게 좌우로 돌리거나 혹은 훔쳐보면서 목표물(?)을 끊임없이 탐색합니다. 이런 사람은 거의 소매치기범일 확률이 높습니다. 그러면 관상학에서 말하는 남의 물건을 훔치는 도둑의 관상은 어떻게 생겼을까요?

눈동자를 상하좌우로 하여 자주 본다

검은 눈동자가 안정되어 있지 않는 사람은 도둑의 기질이 있다는 것입니다. 또한 눈을 깜박이며 상하좌우로 비껴 보는(옆눈질) 사람도 도둑의 기질이 있습니다. 눈이 순하면 인생도 편안하고 눈이 불안하면 일생도 파란만장하다는 말이 있습니다. 따라서 눈은 항상 안정되게 하여 상대방을 편안히 바라보아야 합니다.

쥐의 눈을 가졌다

얼굴 생김새와 어울리지 않게 몹시 눈이 작고, 검은 눈동자가 큰 눈을 보통 '쥐눈'이라고 합니다. 쥐는 항상 배고파합니다. 만족할 줄 모르고 항상 먹을 것을 찾아다닙니다. 먹을 것이 없으면 문지방이라도 갉아 먹습니다. 이런 쥐눈을 가진 사람은 어떤 물건이든 남의 것을 훔치려는 속성이 있습니다. 따라서 이런 쥐눈을 가진 사람이 주위에 있으면 항상 물질적 손해에 대비하여야 합니다.

머리·코·턱 세 부분이 뾰족하다

관상학에서는 이것을 삼첨(三尖)이라고 하여 간교한 도둑의 상이라고 합니다. 머리와 코, 턱 세 부분이 뾰족한 사람은 성질이 모가 나고 지구력이 없고 절제능력이 부족하여 남의 물건을 훔치게 됩니다. 또한 간사한 성격으로 남을 모함하여 곤궁으로 몰아넣는 사람입니다.

눈꺼풀을 덮을 정도의 눈썹을 가졌다

겉으로 보기에는 선해 보이나 독한 마음이 있어 남의 재물을 도둑질해서 비단옷을 사 입을 사람입니다. 진짜 속마음을 숨겨 상대의 마음을 탐색하고 그 틈새를 이용하여 물질적인 절도행각을 하게 됩니다.

윗입술과 아랫입술이 어긋나 있다

이런 사람은 지나치게 궁핍하여 남의 물건에 손을 대는 사람입니다. 그러나 그 금액이나 물량 면에서 작은 좀도둑에 불과합니다. 훔치는 물건도 생존을 위한 생필품과 관련된 물품입니다. 자꾸 도둑질

윗입술과 아랫입술이 어긋난 입술

을 반복하는 사람은 도둑의 관상을 갖게 됩니다. 반대로 봉사활동을 열심히 하는 사람은 선한 관상으로 변해갑니다. 마음을 어떻게 쓰느냐에 따라 선한 얼굴로, 아니면 도둑의 얼굴로 바뀌게 되는 것입니다.

●●●사기꾼의 관상

OECD 가입국에서 가장 빈번하게 일어나는 4대 범죄는 마약, 폭행, 강도, 성범죄입니다. 그러나 우리나라에서 가장 빈번히 일어나는 4대 범죄는 폭행, 절도, 성범죄, 그리고 사기입니다. 미국에서는 교도소에 사기죄로 들어온 사람과 살인죄로 들어온 사람의 수가 비슷할 정도로 사기죄를 저지른 사람의 수가 적습니다. 그러나 유독 우리나라만 사기죄가 전체 범죄의 20%를 차지할 정도로 많이 발생합니다.

우리나라의 범죄 중에서 사기죄의 비중이 높은 이유가 있습니다. 그 이유는 영토가 작고 혈족을 중시하는 전통으로 인해 사람과 사람들 사이의 거리가 다른 나라에 비해 가깝다는 겁니다. 그래서 보증도 많이 서고 사기도 많이 당하는 것입니다. 보통 사기꾼이라 하면 습관적으로 남을 속여 자기의 이득을 꾀하는 사람을 말합니다. 『마의상법』에 '심비구시(心非口是)'란 말이 있습니다. "마음은 그렇지 않으면서 입은 그렇다고 한다"라는 말입니다. 진정한 마음은 그것이 아닌데 입으로는 거짓을 말하는 것입니다. 속마음과 달리 말로 상대를 현혹해 남을 속이는 것이 사기입니다. 그럼 관상법에서 말하는 사기꾼 관상의 특징은 과연 어떤 것이 있을까요?

거칠고 산만한 눈썹을 가졌다

눈썹이 섬세하고 윤기가 있으면서 잘 정돈된 사람은
마음도 바르고 곱습니다. 반대로 눈썹이 잡초처럼 거칠면
마음도 거칠고, 눈썹이 산만하고 어지럽게 생겼으면 마음도
산만하고 어지럽습니다. 사기꾼은 명경지수(明鏡止水)처
럼 맑은 거울과 고요한 물과 같이 깨끗한 마음을 가질 수가 없습
니다. 따라서 사기꾼은 가을의 잡초처럼 거칠거나 산만하고 탁한 눈썹을 가
지고 있습니다.

눈을 내리뜬다

눈동자의 위치가 아래로 내려가 흰자위
가 위로 보이는 사람입니다. 우리는 상대
방과 이야기할 때 편안히 상대방을 바라보
며 이야기를 합니다. 그러나 사기꾼의 기질

내리 뜨는 눈

이 있는 사람은 이야기할 때 죄를 지은 것이 없는데도 마치 죽을 죄를 지은
사람처럼 상대를 정면으로 응시하지 못하고 눈을 내리깔고 이야기하는 사
람입니다. 이런 사람은 가슴 속에 감추는 것이 많고 자기의 주장을 교묘히
숨겨 사기행각을 벌이는 사람입니다.

인중에 수염이 없다

방송사에서 방영되는 역사드라마를 보면 의리가 없고 간사한 사람의 배
역을 고를 때 가장 먼저 보는 외모의 기준은 수염입니다. 인중에 수염이 없

고 턱에는 염소수염처럼 뾰족한 수염을 한 사람을
고르는 것입니다. 수염은 남성의 성적 상징물입니
다. 남자들은 수염을 기르고 난 뒤 더 의리를 지켰
다는 역사적 기록도 있습니다. 인중 부분에 수염이
없으면 의리가 없고 간사하여 남을 이용하는 사기
꾼의 기질이 있습니다.

머리털이 노랗고 거칠다

동양인의 머리털은 검고 윤택해야 합니다. 그러나 머리털이 노랗고 거칠
면 뛰어난 언변으로 사람의 판단력을 흐리게 하여 남을 속이는 사람입니다.
또한 머리털이 윤기가 없으면 내장기능의 허약으로 심신 또한 허약한 상태
입니다. 따라서 하는 일마다 실패하게 되고, 경제적으로도 궁핍하게 살아가
게 됩니다.

뾰족한 엉덩이를 가졌다

엉덩이는 사람의 중심을 잡고 넘어졌을 때 외부충격을 완화해주는 역할
을 합니다. 엉덩이가 뾰족하거나 활처럼 톡 튀어나오면 극히 이기적이어서
자기 자신만 아는 사람입니다. 따라서 자기가 추구하는 목표가 이루어지지
않으면 상대방을 배신함은 물론 수단과 방법을 가리지 않고 자신이 추구하
는 목적을 달성하는 사람입니다.

02

돈을 빌려줄 때는
이곳을 봐야

••• 돈을 빌리러 갈 때는 콧구멍을 봐라

우리 속담에 '사람 나고 돈 났지 돈 나고 사람 났나'라는 말이 있습니다. 아무리 돈이 귀중하다 하여도 사람보다 더 귀중할 수 없다는 뜻으로 돈밖에 모르는 사람을 비난하는 말입니다. 그러나 우리는 매일매일 돈을 벌기 위해 일을 하고, 다시 그 돈을 어떻게 얼마나 쓸지 고민을 하면서 삽니다. 사람은 자신의 의지대로 이 세상을 살아가는 것 같지만 사실은 누군가 만들어 놓은 교묘한 규칙에 복종하며 살아가고 있습니다. 이 대표적인 규칙이 바로 "돈"입니다.

칼 마르크스(Karl Heinrich Marx)의 주장처럼 자본주의 경제는 모든 경제적 가치를 돈으로 환원시켰습니다. 돈 때문에 야근을 하고, 돈 때문에 다른 사람에게 굽실거리고, 심지어 공부를 해야 하는 이유도 돈 때문인 경우가 많습니다. 이처럼 대부분의 사람들은 모든 것이 돈으로 환원되는 규칙에 따라 돈에 복종하며 살아가게 됩니다. 이렇게 돈이란 현대 사회생활에 빼놓을 수 없는 존재입니다. 혹자는 돈이란 그 사회의 가치척도라고 합니다. '돈은 사회생활의 전부'라고 말하는 사람도 있습니다. 또 어떤 이들은 자기 인생에서 돈은 그다지 중요하지 않다고 말을 합니다. 그러나 현실에서 돈의 중요성은 무겁고 꼭 필요한 것입니다. 오죽하면 돈이 신(神)의 자리를 대신했겠습니까? 사고 싶은 게 있으면 앞뒤 가리지 않고 바로 사버리는 사람이 믿는 '지름 신(神)'이 바로 그 신입니다. 어쩌면 우리는 언제부터인가 이 지름신의 노예가 되어 한발자국도 옴짝달싹 못하는 불쌍한 존재가 되어버렸습니다. 돈은 신으로까지 표현할 정도로 그 마력이 대단한 경지에까지 이르렀습니다.

우리는 살다 보면 자의든 타의든 제삼자에게 돈을 빌려주기도 하고 때로는 빌리기도 하면서 이 세상을 살아갑니다. 그러나 문제는 내가 돈이 필요할 때 누구나 선뜻 흔쾌히 돈을 빌려주지 않는다는 것입니다. 그래서 돈을 빌릴 때 봐야 하는 몇 가지 관상학적 요소를 배움으로써 이런 문제를 해소하는 데 다소나마 도움이 되었으면 합니다. 그럼 먼저 돈을 잘 빌려주는 사람의 얼굴 특징을 알아보도록 하겠습니다.

콧구멍이 크다

코는 곡식을 넣어두는 창고라고 하며, 콧구멍은 창고 문이며 돈이 드나드는 '나들목'이기도 합니다.

또한 콧구멍을 아궁이에 비유하기도 합니다. 아궁이가 크면 가마솥을 올려놓을 수 있고 아궁이가 작으면 냄비밖에 올려놓을 수 없습니다. 콧구멍이 크면 스케일이 커서 많이 벌고 많이 씁니다. 반대로 콧구멍이 작으면 적게 벌고 적게 씁니다.

콧구멍이 작으면 아궁이가 작아 마치 잔가지만 들어가 방이 따뜻할 리 없는 것과 같습니다. 콧구멍이 작아 극단적으로 바늘구멍 크기만 하면 성격이 너무 소심하고 배포가 작아 남에게 베풀지를 못합니다. 따라서 돈을 빌리러 갈 때는 콧구멍이 큰 사람한테 가는 것이 좋습니다. 그리고 콧구멍이 보일 듯 말 듯한 사람은 돈을 빌려주겠다는 건지 안 빌려주겠다는 건지 알 수가 없을 정도로 신중한 사람입니다.

미간이 넓다

미간은 행운이 들어오는 통로입니다. 미간이 넓으면 외향적 성격이며 포용력이 있는 사람입니다. 따라서 이런 미간을 가진 사람은 여유와 포용력이 있어 주위의 사람이 아쉬운 소리를 하면 그냥 지나치지를 못합니다. 그래서 선뜻 자기가 갖고 있는 돈을 빌려주기도 합니다. 미간이 좁으면 마음도 좁은 경우가 많습니다. 미간이 좁은 사람은 남을 배려하는 마음이 다소 부족합니다. 따라서 미간이 좁은 사람은 돈을 잘 빌려주지 않습니다.

입이 크며 입술이 두껍다

입은 모든 음식물을 수용하듯 모든 것을 수용하는 곳이기도 합니다. 특히 입이 크면 남에 대한 배려와 포용력도 큽니다. 입이 네모 모양으로 크면 스케일이 커 남의 부탁을 들어줄 확률이 높습니다. 입술 위와 아래가 두터우면 정이 많고 감성적이어서 매몰차게 남의 부탁을 거절하지 못합니다. 따라서 남이 어려움에 닥치면 도와주는 선량한 사람이기도 합니다.

입술이 일(一)자로 길게 난 사람은 어렵게 돈을 모은 자수성가한 사람입니다. 따라서 이런 사람은 돈을 빌려줄 때도 장고(長考)에 장고를 거듭한 후에 돈을 빌려주는 사람입니다.

손이 크다

손님이 오는 날 식사를 준비하는 엄마가 '손이 커서 상다리가 부러지도록 차렸다'라고 이야기합니다. 보통 손이 크다는 것은 '씀씀이가 크고 인심이 후하다'라는 뜻입니다. 손과 발은 몸의 끝에 있어 흡사 나무의 가지 끝에 매달려 있는 나뭇잎과도 같습니다. 보통 나뭇잎이 크면 열매가 크듯이 손이 크면 인심이 후합니다. 따라서 손이 크면 배포와 씀씀이가 크고 인심이 후해 아쉬운 부탁을 하면 쉽게 들어주게 됩니다.

결론적으로 이런 모든 것들을 종합해 보면 이목구비를 포함한 골격의 구조가 시원시원하면 돈도 시원스럽게 잘 빌려주는 사람입니다.

••• 돈을 빌려줄 때는 팔자주름(미소선)을 봐라!

미소선

옛말에 "돈은 앉아서 주고 서서 받는다"라는 말이 있습니다. 이 말은 빌려준 돈은 다시 받기가 그만큼 힘들다는 말이기도 합니다. 심지어는 돈을 갚을 사람이 돈을 갚지 않고 오히려 "돈이 사람을 속이지 사람이 사람을 속이냐?"라고 억지주장을 하기도 합니다. 물론 받아 쓴 사람은 아쉬워서 빌렸겠지만 빌려준 사람은 믿고 빌려준 것입니다.

따라서 빌려준 돈을 받지 못하면 돈과 사람을 모두 다 잃어버리게 됩니다. 빌려준 돈의 금액이 적으면 별문제가 되지 않겠지만, 일정 금액 이상이 되면 집안에 일이 생기는 등 많은 문제가 생기게 됩니다.

따라서 돈을 빌려줄 때는 심사숙고하여 그 사람을 잘 살펴보고 빌려줘야 합니다.

돈을 빌려줘도 좋은 사람

입가 팔자 주름이 뚜렷함

입가 미소선이란 코 옆에서 입가로 둥글게 입을 감싸듯 내려오는 선으로, 웃을 때 생겨서 미소선이라고 합니다. 일명 팔자 주름이라고도 이야기합니다. 이 미소선이 뚜

팔자 주름(미소선)

렷하면 법과 원칙을 잘 지키는 사람입니다. 이런 사람은 밥 한 끼 얻어먹은 것도 잊지 않을 정도로 책임감과 윤리관이 뚜렷하여 확실히 돈을 갚습니다. 그러나 이 미소선이 없거나 뚜렷하지 않으면 책임감과 윤리관이 떨어져 돈을 잘 갚지 않습니다.

미소선은 나이가 들면 자연스럽게 생기게 됩니다. 그러나 나이 마흔 이후에도 이 미소선이 생기지 않으면 철없는 철부지라고 합니다. 따라서 책임감이

없이 행동하며 빌린 돈도 잘 갚지 않습니다.

요즘 한 살이라도 더 젊어지기 위하여 이 미소선, 즉 팔자 주름을 없애는 성형수술이 유행입니다. 젊어 보이려는 것은 어려 보이기 위함입니다. 어린아이는 누구나 예쁩니다. 그러나 어린아이는 철이 없습니다. 봄, 여름, 가을, 겨울을 철이라고 합니다. 어린아이가 철이 없다는 말은 계절도 구분할 줄 모른다는 뜻으로, 사리를 분별할 만한 지각이 없고 책임감이 없다는 말입니다. 따라서 자기가 한 행동에 대하여 책임을 질 줄 모릅니다. 물론 빌린 돈도 잘 갚지 않습니다.

입을 꽉 다문 듯 입꼬리가 선명함

우리가 어떤 비장한 결심을 할 때 입에 힘을 주어 앙다뭅니다. 이런 사람은 시간 약속을 잘 지키며 술값도 자기가 먼저 내고 나가는 사람입니다. 또한 의지가 강하여 남에게 쓸데없이 굽실거리지 않는 사람입니다. 이런 사람은 결단력과 책임감이 강해 빌린 돈은 반드시 갚는 사람입니다.

반대로 힘이 없어 입이 풀려 입술이 벌어지고, 숨을 쉴 때도 입을 벌려 숨을 쉬는 사람은 지구력과 의지력이 부족해 남에게 빌린 돈을 제때 갚지 못하게 됩니다.

이빨이 빈틈없이 촘촘함

이빨은 울타리이자 그물망입니다. 울타리와 그물망은 물샐틈없이 촘촘해야 도둑이 못 들어오고 물고기가 빠져나가지 못합니다. 이빨이 빈틈없이 촘

좀한 사람은 치밀한 사람입니다.

어떤 일을 해도 빈틈이 없어 실수를 하지 않습니다. 물건을 사고 나면 그 영수증을 꼼꼼히 보는 사람은 반드시 돈을 갚을 사람입니다. 이런 치아를 가진 사람은 이처럼 성격이 꼼꼼하여 실수하지 않고 빌린 돈을 갚을 줄 아는 사람입니다.

반면 이빨이 오이씨처럼 듬성듬성 나면 성격이 허술하고 빈틈이 많아 독촉하지 않으면 스스로 돈을 잘 갚지 않는 사람입니다.

돈 빌려줘서는 안 되는 사람

미간이 지나치게 넓은 사람

미간이 지나치게 넓으면 성격이 느리며 우유부단하여 일의 처리가 빠르지 못합니다. 급할 것도 없고 느릴 것도 없어 주위의 사람을 답답하게 합니다. 또한 인간관계를 비롯한 주위의 정리정돈 등을 깔끔하게 처리하지 못합니다. 돈을 갚을 사람인지 아닌지를 알려면 그 집 화장실이나 승용차를 보라고 했습니다. 화장실이 지저분하거나, 또는 그가 타는 승용차에 먼지가 잔뜩 끼어 어지러우면 돈을 잘 갚지 않는 사람이니 조심해야 합니다.

내리뜨는 눈

어린아이가 잘못하면 정면을 응시하지 못하고 눈을 내리깔고 땅을 쳐다봅니다. 항상 눈동자의 위치가 아래로 내려가 흰자위가 위로 보이는 사람은 사기꾼의 기질이 있으니 조심해야 합니다. 이런 사람은 심지어 돈을 빌릴 때도 눈물로 호소하는 경우가 종종 있습니다. 하지만 빌려주면 안 됩니다. 왜냐하면 눈물을 보이면 이미 금전적으로 수습할 수 있는 한계를 넘었기 때문입니다.

물고기 눈처럼 동그란 눈

우리가 쓰는 말 중에 동그랗고 돌출된 눈을 어안(魚眼)이라 하여 물고기의 눈이라고 말합니다. 이런 눈은 남을 절대 해치지 못하나 남에게 이용을 당하기도 합니다.

이런 물고기의 눈을 가진 사람이 돈 빌리러 올 때 동행인이 있으면 의심해야 합니다. 내 돈을 빌려서 그 동행인에게 다시 빌려줄 확률이 높기 때문입니다.

윗입술이 얇은 입

입술은 바닷물을 가두는 제방 둑과도 같은 역할을 합니다. 따라서 두텁고 튼실해야 합니다. 제방 둑이 한번 터져 물이 쏟아져 나가면 다시 주워 담을 수 없듯이 한번 내뱉은 말은 주워 담을 수 없는 것입니다. 윗입술이 얇은 경우 마치 제방 둑 윗부분이 부실하여 물이 넘치는 경우

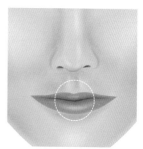

윗입술이 얇은 입

와 같습니다. 따라서 이런 사람은 말을 자제하지 못하고 청산유수처럼 말을 잘합니다. 그러나 이런 사람은 겉만 번드르하고 실속이 없어서 빌린 돈을 잘 갚지 않는 사람입니다.

03

이마 주름에 숨겨진
3가지 비밀

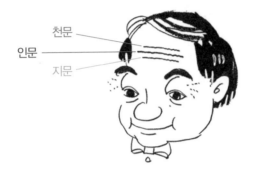

천문
인문
지문

얼굴에 새겨진 주름은 나무의 나이테처럼 이 세상을 살아온 이력이기도 합니다. 삶의 무게와 희로애락이 고스란히 얼굴에 새겨져 주름이란 형태로 우리에게 보이게 되는 것입니다. 젊었을 때는 나타나지 않다가 나이가 들면 자연스레 드러나는 게 이마 주름입니다. 성격에 따라 자주 짓는 표정이 있고, 그 자주 짓는 표정이 내 얼굴의 주름을 만듭니다. 결국 이런 주름들이 내 얼굴을 만들게 됩니다.

노무현 전 대통령의 캐리커처(Caricature)는 짧은 이마와 한 줄의 이마 주름, 튀어나온 광대뼈와 큰 입이 특징이었습니다. 특히 이마 중앙부에 한 줄

의 굵은 주름이 인상적이었습니다. 보통 사람들의 이마에는 세 개의 주름이 있는데 관상학에서는 맨 위의 주름을 천문(天紋), 가운데 주름을 인문(人紋), 아래 주름을 지문(地紋)이라고 합니다. 이 세 개의 주름을 합쳐 삼문(三紋)이라고 합니다.

맨 위 주름 '천문'으로 부모와 윗사람과의 관계를 봅니다

천문이 일자로 끊기지 않고 쭉 잘 뻗은 사람은 부모님이나 윗사람 등으로부터 덕(德)을 입는 사람입니다. 천문이 발달한 사람은 부모나 상사로부터 좋은 혜택을 받거나 윗사람 복이 있어 직장생활을 하는 데 어려움이 없습니다. 그러나 이 천문이 중간에 끊어진 사람은 윗사람과의 관계가 불편한 경우가 많을 뿐만 아니라 윗사람으로부터 덕을 입는 경우가 없습니다. 또한 부모형제와의 인연이 끈끈하지 못하고, 젊은 시절에 많은 고생을 하게 됩니다. 이런 사람은 유년기에 경제적으로 넉넉지 못한 집안에서 자란 사람이 많습니다.

가운데 주름 '인문'으로 건강 상태나 경제력 및 친구나 동료와의 관계를 봅니다

인문이 일자로 끊기지 않고 쭉 잘 뻗은 사람은 건강이 양호하고 친구의 덕도 많이 봅니다. 또한 남의 도움 없이도 자기의 운명을 개척해 나가는 자수성가하는 사람입니다. 즉 윗대나 선조들의 도움이 없이 혼자의 노력으로 성공한 경우입니다. 이런 사람은 지구력이 있어 끝까지 일을 잘 마무리하는 사람입니다. 노무현 전 대통령은 이 인문이 특히 발달하여 본인 스스로의 노력으로 대통령의 자리에 오른 '자수성가형 인물'임을 보여줍니다. 그러나 이 인문이 중간에 끊어진 사람은 다른 사람과의 다툼을 조심해야 합니다. 또한 평생 한번 크게 실패할 염려가 있으니 특히 조심해야 합니다.

맨 아래 주름 '지문'으로 자녀와 손아랫사람 및 부하와의 관계를 봅니다

지문이 일자로 끊기지 않고 쭉 잘 뻗은 사람은 중년 이후에 아랫사람이 잘 받쳐주어 그 덕으로 성공하는 사람입니다. 대중을 이끄는 리더는 이 지문이 특히 발달되어 있습니다. 지문이 끊어져 있거나 아예 없는 사람들도 있는데 이런 사람은 자녀가 자립하는 데 많은 시간이 걸리며 또한 믿을 만한 부하나 손아랫사람을 두기 어렵습니다.

이 천문·인문·지문 세 개의 주름이 뚜렷한 사람은 지능이 발달한 인텔리들에게 많이 볼 수 있으며, 두뇌를 사용하는 사람들에게서 많이 나타납니다. 반면 이마에 잔주름이 많은 사람은 자기 일보다 남의 일 때문에 고단한 삶을 살아가는 사람입니다. 이런 잔주름을 많이 가진 사람은 부탁하지도 않은 일에 괜히 나서서 고생을 자초하는 경우가 종종 있으니 항상 신중하게 행동해야 합니다.

현실적으로 천문·인문·지문이 모두 끊어지지 않고 분명한 사람은 별로 없으며, 대개는 어느 한 줄이 끊어져 있거나 전혀 없는 경우도 있습니다. 그러나 천문·인문·지문 세 개의 주름이 가지런히 뻗은 사람은 평생 의식주 걱정을 하지 않고 평온하게 삶을 살 사람입니다.

04

사각 턱과는
경쟁 피해야

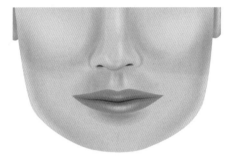

사각 턱

요즘 TV를 통하여 격투기 스포츠를 하는 사람들을 종종 볼 수 있습니다. 격한 운동을 하는 사람일수록 사각에 가까운 턱을 가진 사람들이 많습니다. 독자 여러분들은 턱이 갸름하고 날씬한 사람이 이처럼 과격한 운동을 하는 것을 본 경험이 있습니까? 사각 턱은 운동선수나 군인 및 경찰 계통에서 많이 볼 수 있습니다. 옛말에 '광대뼈 나온 사람과 토론하지 말고, 사각 턱과는 경쟁하지 말라'라는 말이 있습니다. 사각 턱을 가진 사람은 고집이 강하고 대범한 행동을 하며 가치관과 신념이 확고한 사람입니다. 또한 승부욕이 강하여 남에게 지는 것을 매우 싫어하는 성격입니다.

사각 턱을 가진 사람은 지나치게 경쟁심이 강해 본의 아니게 주위의 사람들에게 피해를 줄 뿐만 아니라 본인에게도 해를 끼칠 수 있으니 조심해야 합니다. 행여 독자 여러분들은 이런 사각 턱을 가진 사람과는 경쟁하지 않고 양보하는 게 좋습니다. 좁은 길에서 한걸음 물러나 양보하는 것도 이 세상을 살아가는 좋은 방법이기 때문입니다.

『소학』에 보면 '종신양로 불왕백보(終身讓路 不枉百步), 종신양반 부실일단(終身讓畔 不失一段)'이라는 글귀가 있습니다. 평생 남에게 길을 양보해도 그 손해가 백 보밖에 안되고, 평생 밭두둑을 양보해도 한 단보를 잃지 않는다고 했습니다. 양보는 일시적으로 손해를 보는 것 같으나 길게 보면 이익이 되는 방법이기도 합니다.

사각 턱에 살이 없고 뼈가 강하면 적극적이고 지구력이 뛰어난 사람입니다. 반면 사교성이 없고 융통성과 타협성이 부족해 대인관계가 원만하지 못한 경우가 있습니다. 턱에 살이 많아 마치 턱이 두 개처럼 보이는 턱을 '이중 턱'이라고 합니다. 말할 때나 웃을 때 일시적으로 생기는 것이 아닌 항상 있는 턱을 '이중 턱'이라고 말합니다. '이중 턱'은 애정이 풍부하며 인간관계가 좋아 행운이 항상 머무릅니다. 또한 나

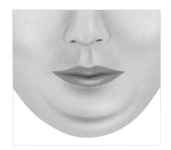

이중 턱

이가 들수록 돈 걱정을 하지 않아도 될 만큼 동산이나 부동산을 많이 가지고 사는 사람입니다.

턱이 주걱 모양으로 길고 끝이 밖으로 약간 굽은 턱을 주걱턱이라고 말합

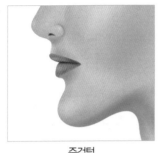
주걱턱

니다. 이런 주걱턱을 가진 사람은 성격이 대담하고 충동적이며 외골수인 경향이 있습니다. 또한 자부심과 고집이 세고 제멋대로 하여 주위 사람들을 지배하려는 경향이 강합니다. 자신의 능력으로 사회적 지위와 부를 얻게 되면 자기 자신을 과신하는 사람입니다. 따라서 아군도 적군도 많습니다. 또한 이런 주걱턱을 가진 사람은 한번 사랑에 빠지면 잘 헤어나오지 못하여 가슴앓이를 많이 하는 사람입니다. 그러나 이마가 조금 튀어나와 턱과 서로 마주 바라보고 있으면 사랑에 성공하여 행복하게 잘 살게 됩니다.

턱이 마치 없는 것처럼 짧은 턱은 '무(無)턱'이라 하여 의지가 약하고 남의 말을 가감 없이 너무 잘 들어 귀가 얇다는 소리를 자주 듣습니다. 이런 턱을 가진 사람은 정이 없고 기분 내키는 대로 즉흥적으로 행동하는 경향이 있습니다.

턱을 자세히 뜯어보면 그 사람이 종사할 직업까지 알 수 있습니다. 턱에 살이 없고 빈약한 사람은 많은 사람을 거느리고 하는 사업보다는 전문화된 업종을 택하여 본인 혼자의 힘으로 하는 사업이 적합합니다. 또한 사각 턱은 머리 쓰는 직업보다 적극적으로 움직이는 활동적인 분야에서 근무하는 것이 좋습니다. 턱이 날씬한 사람은 몸보다 머리를 쓰는 직업이 적합합니다. 턱이 둥글고 넓으면 사람을 써서 일하는 직업이 어울립니다.

브이(V) 라인 턱이 유행하는 요즘, 위험하다는 양악 수술도 미용 목적으로 하는 사람이 많습니다. 심지어 턱이 날아간 수준으로 성형하여 음식이나 제대로 씹을까 하는 의구심이 들 정도로 V라인을 강조하는 시대가 되었습니다. 그러나 관상학적으로 V라인 턱은 좋은 턱이 아닙니다. 턱이 약하면 일단 지구력이 부족하여 어렵고 힘든 일을 해결하지 못하게 됩니다. 또한 턱을 통해 노년의 삶을 보는데 노년의 삶 또한 좋지 않습니다. 관상학에서는 이중 턱이나 넓고 둥근 턱을 좋은 턱이라고 합니다. 이런 턱을 가진 사람은 착실한 성격으로 겉과 속이 한결같은 사람입니다. 또한 덕이 많고 자기를 믿고 따르는 부하나 아랫사람이 있어 크게 성공할 사람입니다.

턱의 살빛이 황색을 띠면 충성스런 부하를 얻거나 아랫사람으로 인하여 혜택을 보게 됩니다. 턱의 빛이 홍색을 띠고 윤기가 나면 경제적인 부의 축척이 왕성해집니다. 그러나 청색을 띠면 질병이 오거나 손아랫사람으로부터 배반을 당하는 일이 있습니다. 백색을 띠면 동산·부동산으로 인한 손실이 있거나 부하와 언쟁으로 구설이 있게 됩니다. 턱 전체 빛이 거무스름하게 어두운 빛이 나타나면 냉병에 걸릴 조짐이니 몸을 따뜻하게 해야 합니다. 턱이 맑고 윤기가 있어야 건강하고 좋은 일이 많이 생기게 됩니다.

총론적으로 관상학에서 말하는 좋은 턱은 전체적으로 풍만하여야 합니다. 턱의 형태는 둥글고 넓은 것이 좋으며 턱에 붙은 살은 두툼해야 좋습니다. 턱은 피부가 맑고 깨끗해야 합니다. 턱의 색이 어두워지면 부하 직원으로 말미암아 손해를 보게 됩니다. 턱이 너무 발달하여 앞으로 많이 나온 주걱턱도 좋지 않습니다. 이런 턱을 가진 사람은 아랫사람과의 정이 부족해 하는 일마다 분란이 발생하게 됩니다. 턱이 뾰족한 것도 좋지 않습니다. 턱이 뾰족한 사람은 기회주의자로 자신의 이해관계에 따라 수시로 마음을 바꾸는 이중인격을 가진 사람입니다.

05

털이 거칠면
마음도 거칠어

털은 산의 수풀과 나무에 비유되기도 합니다. 산의 나무가 잘 자라려면 우선 땅이 비옥하고 적당량의 일조량이 있어야 합니다. 또한 물줄기가 원활하여 적당량의 수분을 공급해 주어야 나무가 원활하게 뿌리를 내릴 수 있습니다. 땅이 좋고 해와 달의 일조량이 적당하고 물이 좋아야 초목이 윤택하고 잘 자라듯 우리 몸의 털도 신체의 각 부위가 요구하는 필요조건을 다 충족한 연후에야 비로소 윤택해집니다.

털은 내장기능의 발로입니다. 내장기능이 좋고 혈액순환이 잘되는 경우 털은 윤기가 흐르며 부드러워집니다. 건강이 안 좋아 장기 등 신체조건이 좋지 못하면 털은 마치 가을날의 잡초처럼 말라 비틀어지고 거칠어지게 됩니다. 이런 털은 신체 부위의 어디에 있든 좋지 않습니다. 반대로 신체 조건이 좋으면 털은 윤택하고 빼어나며 부드럽고 향기가 나게 됩니다. 이렇듯 몸 밖으로 나와 우리 눈에 보여지는 것이 바로 털입니다.

초목에 비유되는 털은 욕수(慾秀)라 하여 가늘고 부드러워야 한다고 했습니다. 머리털이 너무 빽빽하면 탁모(濁毛)라 하여 어리석은 사람이라고 했습니다. 콩이 웃자라 잎이 많으면 열매를 맺지 않고 빈 꼬투리만 남기고 콩농사를 마무리하는 경우가 종종 있습니다. 작물이 거름기를 너무 빨아들여 웃자라 푸르름을 과시하는데 여념이 없게 되면 진이 다 빠져 열매를 맺지 못하게 됩니다. 또한 진이 다 빠진 후에는 열매를 맺어도 제대로 결실을 이루지 못하게 됩니다.

이렇듯 나무에 잎사귀가 지나치게 많으면 열매가 잘 열리지 못하듯 우리 인간도 몸에 털이 지나치게 많으면 자손을 두기 어렵습니다. 그러나 털이 많은 사람은 정이 많아 여러 사람에게 정열을 쏟습니다. 반대로 몸에 털이 너무 없어도 좋은 것이 아닙니다. 털이 부족하면 나무가 없는 험준한 돌산과도 같습니다. 이런 사람은 성격은 용맹하나 융통성이 없고 단순하여, 복잡하고 어려운 일은 매끄럽게 처리를 하지 못합니다. 특히 인중에는 반드시 수려한 수염이 있어야 좋습니다. 삐죽삐죽 드물게 나와 있어 마치 염소의 수염과 같다면 의리가 없고 경솔하여 사극에 나오는 간신배를 연상하게 합니다. 또한 가슴에 털이 나면 숨기는 것이 많고 조급한 성격의 사람입니다. 그러나 부드러운 털은 괜찮습니다.

고양이, 개, 말, 닭 같은 동물이 사나워지면 깃털이 솟구쳐 일어나는 것처럼 털이 솟구쳐 일어난 사람은 성격이 과격하며 사나운 사람입니다.

구레나룻은 단전에서 나오는 기운입니다. 구레나룻이 어지럽게 양 볼까지 난 것을 관상학에서는 야호빈(野狐牝), 즉 '여우 털'이라고 하는데 이런 사람은 성격이 교활하고 의심이 많은 사람입니다. 구레나룻이 있는 사람은 성격이 조급하고 거칠며 학문을 탐구하기보다는 활동적인 업종에 종사하는 게 좋습니다. 학문을 갈고 닦는 분야에 있는 사람은 구레나룻이 거의 없습니다. 이는 조용히 침잠(沈潛)하여 학문에 정진하려면 뜨거운 혈기보다는 차분한 성격과 이성적인 판단이 전제되어야 하기 때문입니다.

나이가 들어 살찐 사람이 털이 빠지면 괜찮습니다. 마치 땅속에 있는 감자는 잎이 드물어지면 오히려 감자는 실하여지는 것과 같습니다. 그러나 마른 사람이 털이 빠지면 건강에 좋지 않습니다. 마치 나뭇잎이 시들어 떨어지면 나무가 말라 죽는 것과 같습니다. 가끔 노인이 치아나 머리카락이 새로 난다고 합니다. 이는 호르몬 역류 현상으로 자연의 이치에 부합하지 않아 결국은 건강에 좋지 않은 영향을 미치게 됩니다.

눈이 작은 사람은 눈썹 털이 드문 것을 꺼리지 않으며, 눈이 큰 사람은 눈썹이 두꺼운 것을 꺼리지 않습니다. 배꼽 아래와 항문에 털이 있으면 일생동안 성병(性病)이 없습니다.

등에 털이 생기면 일생 동안 힘든 일이 많이 생깁니다. 여성의 유방에 가는 털이 생기면 필시 훌륭한 자녀를 두게 됩니다. 만약 음모의 털이 마치 풀과 같이 어지럽게 많이 나면 생식기의 문제로 인하여 2세를 둘 수 없습니다. 남녀 모두 음모(陰毛)가 지나치게 많으면 생각이 좁고 무지하여 사회생활에서 성공을 이룰 수가 없다고 했습니다. 또한 여성이 음기가 강하면 음모가 많아져 육체적인 사랑을 갈구하게 됩니다. 반대로 남성이 양기가 강해지면 머리털이 빠지게 됩니다. 마치 물이 좋으면 수초가 많고, 태양이 뜨거우면 나뭇잎이 타죽는 것과 같은 이치입니다. 머리가 많이 빠진 사람이 정력이 강하다는 것도 여기에 그 원인이 있습니다.

혹 눈썹에 가늘고 긴 털이 나는 사람이 있는데 이 털을 미호(眉毫)라고 합니다. 이 털은 나이 사십이 지나 생기면 좋습니다. 이런 사람은 항상 나를 도와주는 좋은 사람을 만납니다. 나이 오십이 지나 생기면 또한 건강에 좋다고 합니다. 이는 고목에서 새싹이 계속 나는 격으로 신진대사가 원활해 건강하게 장수하는 사람들에게 볼 수 있습니다. 귓속에 나는 가늘고 긴 털을 이호(耳毫)라고 하며 이런 이호(耳毫)가 생기면 90세 이상 건강하게 장수하게 됩니다. 또한 60세가 넘어 목에 Y자 형태의 두 개의 주름이 길게 늘어지면 100세 이상 장수하게 됩니다.

총론적으로 털은 가늘고 부드럽고 윤택해야 좋습니다. 털이 윤택하고 부드럽지 않으면 이는 혈색이 밝지 않는 것이요, 혈색이 밝지 않은데 어찌 털이 윤택하고 부드럽게 나겠습니까?

06

점은 은밀한 곳에
있을수록 좋아

기생집에 술판이 벌어졌습니다. 기녀(妓女)가 관상쟁이에게 물었습니다. "나의 관상은 어떻소? 사내들이 나를 안 좋아하는 것 같아요." 그러자 관상쟁이가 "음… 옛다" 하면서 수박씨를 코에 붙여줬습니다. "뭐예요 이게?" "둥그스름한게 고운 얼굴이나 남들에 비해 눈에 띄지 않으니 이러면 사내들이 줄줄 따를 것이니라." 영화 〈관상〉에서 나왔던 대화의 한 부분입니다.

관상학적으로 콧잔등의 점과 입술의 점은 이성을 끌어들이는 점입니다. 한 가인, 고소영, 전지현과 같은 연예인들  처럼 깨끗하고 윤택하며 검은 먹과 같이 진하고 검은색이 나면 최고의 인기 점이라고 봅니다.

의학적으로 점은 심장에 응혈이 생겨 그 부위에 피가 멈춰서 생긴 것으로 분석하고 있습니다. 점을 구체적으로 분류하면 피부 표면으로 볼록 튀어나온 검은 사마귀 형태의 것을 지(痣)라고 하고, 평평하고 까만 것을 점(點)이

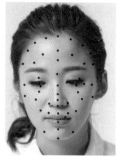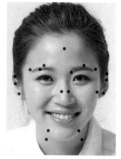

좋지 못한 점 　　　　　　 좋은 점

라고 합니다. 또한 평평하면서 청색이나 황색이 바둑돌 모양으로 나는 것을 반(斑)이라고 합니다. 따라서 이 개념부터 이해하고 접근해야 합니다. 하지만 편의상 이 책에서는 반을 빼고 지와 점을 총칭하여 '점'이라고 하고자 합니다. 그러나 아무리 작은 점이라고 해도 다른 사람이 봤을 때 눈에 보이면 그것은 점으로 생각하고, 상대방의 눈에 안 보이면 필요 없는 점이라고 생각하시면 됩니다.

점은 검은 것이 마치 먹물을 칠한 듯 새카맣고 윤택해야 합니다. 또한 점은 붉은 것이 그 붉기가 붉은 단풍과 같고 둥그렇고 튀어나오면 좋은 점입니다. 점의 색이 선명하지 않으면 아직 때가 오지 않았다는 뜻입니다. 점이 희뿌연 암색이 나면 이미 때가 지나갔고, 연한 색이 나면 이것은 사소한 점에 불과합니다. 점 위에 가는 털이 나면 산림에 초목이 있는 것 같아 좋은 점으로 봅니다.

등에 점이 있으면 고위공직자의 지위에 오르거나, 공공의 발전을 위하여 사회에 기여하는 사람이 됩니다. 가슴에 점이 있으면 마음 씀씀이가 넓고 지혜로운 사람이며 부자로 사는 사람입니다.

관상학에 면무호점(面無好占)이라는 말이 있습니다. '얼굴에 있는 점은 좋은 것이 없다'라는 말입니다. 반대로 신무악점(身無惡占)이라고 해서 '몸에 있는 점은 나쁜 것이 없다'고 말합니다. 즉 점은 얼굴보다는 몸에 있는 것이 좋다는 말과도 같습니다. 얼굴에는 점이 없어 깨끗해야 좋습니다. 마치 다이아몬드에 결점이 없으면 값이 많이 나가는 것과 같은 이치입니다. 따라서 가능하면 얼굴에 있는 점은 제거하는 것이 좋습니다.

그러나 얼굴에 있는 점 중에서도 코 주위와 인중 주위에 있는 점은 좋은 점입니다. 그리고 나머지는 좋지 않은 점이라고 판단하시면 됩니다. 점은 성기 주위나 허벅지 등 은밀한 곳에 있을수록 좋은 점입니다. 또한 몸에 있는 점 중 특히 발바닥에 있는 점이 좋습니다. 관상 서적인『달마상법』에 '발바닥에 검은 사마귀가 있으면 영웅이 되어 홀로 수많은 사람을 거느린다'라는 말이 있습니다. 중국 명나라 때 장수규(張守珪)라는 명장은 오른쪽 발바닥에 검은 점 한 개가 있어서 자사(刺史)라는 현재의 도지사의 벼슬을 하였습니다. 또한 당나라 때 무장인 안록산(安祿山)은 좌우 양쪽 발바닥에 검은 점이 있었으므로 훗날 세 곳의 자사라는 도지사가 되어 병권을 장악했습니다. 육십이 넘어 얼굴에 거무스름한 검버섯(얼룩 반점)이 생기고 이 반점이 검고 윤택한 색이 나면 큰 복이 있고 장수하는 사람입니다. 검버섯은 신장의 수기(水氣)가 건재하기 때문에 검버섯의 형태로 나타난 것으로 좋은 것입니다. 그러나 오십 이전에 바둑알 모양으로 청색이나 황색의 반점이 생기면 신장에 적신호가 온 것으로 보아 건강에 특히 유의해야 합니다.『마의상법』에서는 '검버섯이 50대 이후에 나면 장수하나 그 전에 나면 건강에 특별히 주의해야 한다'고 했습니다.

관상을 보는 방법 중에는 점으로 미래를 예견하는 방법도 있으며, 점의 위치에 따라 그 사람의 성격도 상당히 많이 달라집니다.

눈썹과 눈썹 사이 미간 위에 점이 나 흉터가 있는 경우

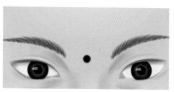

미간위 점

미간을 관상학 용어로 명궁(命宮)이라 합니다. 이 미간은 행운이 들어오는 통로입니다. 따라서 이 미간에 점이 있으면 행운을 가로막아 좋지 않습니다. 또한 골치 아픈 일이 많이 생겨 힘겨운 삶을 살아가야 합니다.

눈 아래 약간 도톰한 부분 '애교살'에 점이 있는 경우

애교살 점

애교살이 있는 부분을 관상학에서는 와잠(臥蠶)이라고 합니다. 즉 자손을 보는 부분입니다. 이 부분에 점이 있으면 자식이 부모와 인연이 없어 일찍이 부모 품을 떠나서 살게 됩니다. 또한 이 부위에 있는 점은 눈물점이라고 하여 재물이나 이성 관계로 눈물 흘릴 일이 많아 좋지 않습니다.

눈두덩 점

눈썹 바로 밑 눈두덩에 점이 있는 경우

눈썹과 눈 사이 즉 눈두덩 부분을 관상학에서는 전택궁(田宅宮)이라 합니다. 이 부분은 부동산의 소유 여부를 보는 곳입니다. 이 부분에 점이 있으면 부동산으로 인한 경제적 손실이 예상됩니다. 따라서 부동산 거래 시 신중을 기해서 처리해야 합니다. 그러나 눈썹 안에 점이 있으면 숲 속의 진주라고 해서 매우 좋습니다.

눈썹 위 이마(福德宮)점

이마에 점이 있는 경우

이마는 명예를 보는 자리입니다. 관상학에서는 복덕궁(福德宮)이라고 합니다. 이마 부위에 따라 다소 차이가 있어 단정 지을 수는 없지만, 양쪽 눈썹 바로 위에 점이 있으면 높은 지위에 오를 사람입니다. 그 밖의 자리에 점이 있으면 좋지 않습니다.

눈과 눈 사이 콧부리에 점이 있는 경우

미간 바로 아래 코가 시작되는 부분을 콧부리라고 합니다. 이곳은 관상학에서 산근(山根)이라 하여 질병을 보는 부위입니다. 갓난아이가 질병이 있으면 이 부위가 파르스름

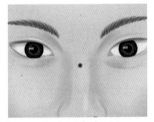

콧부리 점

한 색이 돌게 되는데 이곳이 바로 질병을 보는 부위이기 때문입니다. 이 부위에 점이 있으면 평생 질병에 시달리며 목적한 바가 여러 번 실패하는 아픔을 겪게 됩니다.

눈꼬리 부분에 점이 있는 경우

눈꼬리는 관상학에서 처첩궁(妻妾宮)이라 하여 부부관계를 보는 부위입

니다. 이 부위는 거울처럼 맑고 깨끗해야 합니다. 이 부위에 점이 있거나 탁한 색을 나타내면 부부관계가 좋지 않습니다. 부부가 이별할 수도 있으며 주거(住居)를 여러 번 옮기게 됩니다.

눈꼬리 점

입과 입술에 점이 있는 경우

관상학에서는 입과 입술을 통칭하여 출납관(出納官)이라고 하며, 먹고사는 문제를 보는 부분입니다. 입술이 아닌 입 주위에 점이 있으면 먹고사는 경제적인 문제는 이상이 없습니다. 그러나 아랫입술에 점이 있으면 이성 간의 문제와 말실수로 인하여 곤란을 겪게 됩니다. 따라서 아랫입술에 있는 점은 제거하는 게 좋습니다.

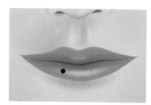

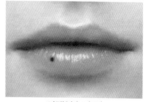

아랫입술의 점

좋지 않은 점을 제거할 때는 될 수 있는 대로 어릴 때 제거하는 것이 가장 좋습니다. 그렇지 않고 성인이 되어 점을 제거할 때는 신중을 기해야 합니다. 점에는 크게 2가지의 생성원인이 있습니다. 즉 선천적인 점과 후천적인 점입니다. 선천적인 점은 뿌리도 깊고 점 자체가 상대적으로 큽니다. 따라서 선천적인 점을 제거할 때는 관상 서적을 잘 살펴보고 의사와 충분히 상의하고 점을 제거하는 것이 좋습니다. 후천적인 점은 비교적 뿌리가 작고 얇아서 제거하는 데 큰 문제가 되지 않습니다. 그러나 몸에 보이지 않은 곳에 있는 점은 구태여 제거할 필요는 없습니다.

07

목소리로 그 사람
그릇 크기를 알 수 있어

필자는 모 방송사에서 동물을 주제로 방송하는 프로그램을 자주 시청합니다. 백수의 왕으로 일컫는 대표적인 동물이 호랑이와 사자입니다. 호랑이와 사자의 포효(咆哮)하는 소리는 웅장하고 쩌렁쩌렁 울림이 있어 뭇 동물들을 전율케 합니다. 그러나 원숭이, 양, 말, 여우 등 약한 동물들은 울음소리에 울림이 없고 여운이 없습니다. 이런 동물들은 가늘고 작은 소리여서 다른 동물들이 겁을 내지 않습니다. 목소리에도 급수가 있습니다. 인간의 기운(氣運)이 밖으로 표출되는 것이 바로 음성입니다. 목소리는 근원이 깊으면 소리도 무겁게 들리고, 근원이 얕으면 소리도 가냘프게 들립니다.

목소리는 항아리와 큰 종(鐘) 속에서 울려 나오는 소리와 같이 울림이 있고 여운을 남기며 멀리 퍼져 나가야 합니다.

울림이 있고 여운이 있는 목소리가 나오기 위해서는 배꼽 즉 단전(丹田)에서부터 울려 나와야 합니다. 목소리가 단전에서 나오면 기(氣)가 있는 목소리로 봅니다. 또한 목구멍은 넓고 관대해야 울림이 있고 단단한 느낌의

144 내 얼굴에 숨겨진 7가지 비밀

목소리가 나오게 됩니다. 가슴 부위 즉 폐에서 나오는 소리는 크지만 울림이나 여운이 없고, 목에서 나오는 소리는 힘이 없고 나약하며 소리 끝이 갈라지게 됩니다.

최근 과학자들은 개구리가 짝을 선택하는 방식을 밝혀냈습니다. 암개구리는 짝을 구한다는 신호를 보내는 '구혼' 개구리 중 울림이 있고 가장 긴 울음소리를 가진 수컷에게 마음의 문을 연다는 것입니다. 이 연구는 울림이 있고 긴 울음소리를 가진 수컷이 더 좋은 유전자를 후손에게 물려줄 수 있음을 암컷이 정확하게 감지한다는 증거를 보여주고 있습니다.

인간의 목소리는 천차만별입니다. 남성의 목소리와 여성의 목소리 또한 신체구조학적으로 다릅니다. 남성의 목소리는 울림이 있고 여운이 있어야 합니다. 마치 속이 깊고 넓은 항아리 속에서 울려 나오는 소리처럼 길고 여운이 있어야 합니다. 반면 여성의 목소리는 맑고 단아해야 하고 끝은 갈라지지 않고 둥글고 청아해야 합니다. 여성이 남성 같은 소리를 내고 남성이 여성 같은 소리를 내면 부부간의 음양이 깨졌다고 해서 원만한 부부관계를 유지하기가 어렵습니다. 여성의 목소리가 굵고 우렁차며 쇳소리가 나면 좋지 않습니다. 또한 남성의 목소리가 마치 모기가 날갯짓하는 소리처럼 앵앵거리면 배우자가 그 가정을 꾸려 나가야 합니다. 남녀 통틀어 양(羊)이 우는 것 같고, 깨진 징소리 같고, 짖는 개소리와 같고, 말이 우는 듯한 목소리는 좋지 않습니다.

목소리를 통하여 그 사람 그릇의 크기를 파악할 수 있습니다. 중국의 고전에는 그릇이 큰 사람은 기쁨과 노여움, 슬픔과 즐거움, 즉 희로애락의 감정을 목소리를 통하여 드러내지 않는다고 했습니다. 기쁠 때나 슬플 때나 감정을 잘 컨트롤해서 태연하게 행동을 한다는 말입니다. 화를 내고 목소리를 높이는 등 허둥대는 사람은 리더로서 자격이 없다는 뜻입니다.

참지 못하고 표출한 한순간의 분노는 마치 폭설과도 같습니다. 폭설이 녹고 나면 감춰져 있던 쓰레기가 드러나 보기 싫듯이 시간이 지나 흥분이 가라앉은 뒤 후회만 남기 때문입니다. 화가 났을 때도 절대 음성을 높이지 않고 너그럽게 용납하여 처리할 수 있는 사람은 자기제어와 인격수양이 된 사람입니다. 즉 설탕을 쳐도 달지 않고, 소금을 쳐도 짜지 않은 그런 사람이 그릇이 큰 사람입니다.

춘추시대 정(鄭)나라에 자산(子産)이라는 재상이 있었습니다. 어느 날 길을 가다가 어떤 부인이 곡(哭)하는 소리를 우연히 듣게 되었습니다. 걸음을 멈추고 유심히 곡소리를 듣던 그가 갑자기 그곳 부하들을 시켜 부인을 잡아오게 하였습니다. 그리고 "왜 남편을 죽였느냐"고 다짜고짜 다그쳤습니다. 그러자 그 부인은 제 손으로 남편을 목 졸라 죽였음을 자백했습니다. 나중에 부하들이 "어찌 그 부인이 남편을 죽였는지 알았느냐"고 물어보았습니다. 그러자 자산은 "부인의 곡소리가 슬퍼하기보다는 겁에 질려 있었기 때문에 알 수 있었다"고 말했습니다.

이렇듯 목소리를 통하여 우리는 그 사람의 진정성을 확인하기도 합니다. 진정한 목소리는 반드시 눈과 입과 소리와 물, 이 네 가지가 함께 반응해야 합니다. 진정 기쁘거나 슬플 때는 목소리와 함께 눈과 입이 반응하며, 절정에 이르렀을 때 비로소 눈물과 콧물 등 물이 흐르게 됩니다. 눈은 웃고 있는데 입에서 웃음소리가 나지 않고, 입에서는 소리 내 웃고 있는데 눈은 반응하지 않는 것, 이 모든 것이 진정성이 부족한 것입니다. 이처럼 목소리만 유심히 잘 들어도 그 사람의 진정성을 파악할 수가 있습니다. 유능한 수사관들이 예민한 촉각을 사용하여 용의자의 목소리 떨림이나 말하는 속도만으로도 증언의 진실 여부를 가늠해 내고 진실을 파헤쳐 사건을 해결하는 것과도 같습니다.

또한 사람의 목소리로 그 사람의 건강상태와 기(氣)의 충만상태 등을 판별할 수 있습니다. 신체구조 중 감추어진 장기의 기능이 좋지 못하면 목소리가 연약하고 떨림이 있으며 여운이 없습니다. 이런 사람은 건강에 각별히 주의해야 합니다.

제3부

내 얼굴은
답을 알고 있다

01

나와 어울리는 짝꿍의 얼굴형은

이 세상의 사물 중 둥근 것은 부드럽고, 세모·네모 등 각진 것은 날카롭고 위협적입니다. 자동차 바퀴를 한번 상상해볼까요? 만약 자동차 바퀴 중 둥근 바퀴와 세모난 바퀴, 네모난 바퀴가 있다고 가정하면 이중 어느 것이 부드럽게 잘 굴러갈까요? 생각할 것도 없이 당연히 둥근 바퀴가 잘 굴러갈 것입니다. 우리 인간의 얼굴형과 성격 간 인과관계도 이와 유사합니다. 둥그런 얼굴은 비교적 원만한 성격의 소유자가 많으며 세모·네모·역삼각형 형태의 얼굴은 비교적 모가 난 성격의 소유자가 많습니다.

그러나 높은 언덕 위에서 모가 난 돌을 언덕 아래로 굴러 떨어뜨리면 어떤 모습으로 변하게 될까요? 언덕 아래 바닥에 떨어진 돌을 자세히 살펴보면 굴러 떨어지면서 여기저기 부딪치고 깨어져 모가 난 부위가 비교적 둥근 원형으로 바뀐 모습을 볼 수 있을 것입니다. 이처럼 모가 난 얼굴의 소유자라도 모질고 거친 세상 풍파의 어려움을 겪다 보면 어느덧 자기도 모르게 둥글게 변한 자신의 얼굴을 발견할 수 있을 것입니다. 마치 둥근 바위는 바람을 잘 느끼지 못하지만 각진 바위는 바람을 세게 받는 것과 같습니다.

건축공학에 '구조가 기능을 제어한다'는 이론이 있습니다. 건축물의 구조인 외형이 결국 용도를 결정한다는 것입니다. 체육관의 외양을 가진 건물은 체육시설로, 한옥의 외양을 지닌 건물은 인간이 거주하는 공간으로 활용된다는 것입니다.

인간의 얼굴을 오행으로 분류하면 다섯 가지 형태로 나누어집니다. 필자는 복잡한 오행의 원리를 어떻게 하면 독자들이 이해하기 쉽게 할 수 있을까를 고민하다가 나름의 법칙을 만들어낼 수 있었습니다. 오행을 쉽게 이해하기 위하여 최대한 단순하게 사물에 빗대어 설명해 보고자 합니다.

그럼 우선 독자 여러분들은 본인이 이 다섯 가지 얼굴형 중 어떤 형태의 얼굴형에 속해 있는지 각자 거울을 보고 판단해 주기 바랍니다. 얼굴형이 여기서 제시하는 5가지 형에 정확히 일치하지 않더라도 어느 얼굴형에 더 가까운지만 판단해 주시면 되겠습니다.

구분		계란형(목형)	완만한 역삼각형(화형)
나의 얼굴형			
생김새		• 얼굴형이 나무처럼 날씬하며 길고, 곧게 뻗음 • 키가 크고 팔, 다리, 손가락이 긺 ※ 살이 비교적 적고 나뭇잎이 많은 것처럼 머리카락이 많음	• 얼굴형이 바짝 마르고 크지 않음 • 얼굴 전체적으로 붉은색이 나타남 • 머리, 턱, 귀 등이 약간 뾰족함 • 신경질적이고 예리하게 생겼음 ※ 불의 성질이 강하고 물이 부족하여 머리털이 많지 않음
성격		• 온순하며 섬세한 성격임 – 남에게 싫은 소리를 하지 못하고 가슴앓이를 많이 함 【남에게 베풀기를 좋아함】	• 두뇌가 명석하며 예리하여 말귀를 쉽게 이해함 • 천마리 종이학을 접으라면 접지 못함 • 다소 신경질적이며 빈틈이 없음 【활달하여 트인 것을 좋아함】

어울리는 직업		• 경리나 계산 등 꼼꼼한 업무
		  – 남성은 여성들에게 인기 있음
			• 기획이나 감사 업무 등 창의적 업무
			  – 육체적인 일보다 머리 쓰는 일이 적합

비유		• 계절 : 봄(봄바람) • 색깔 : 녹색 • 비유 : 순수함, 온순함, 청순함	• 계절 : 여름 • 색깔 : 붉음 • 비유 : 열정, 강렬함, 독수리, 분명함
만나면 좋은 얼굴 (상생)	도움을 줍니다	완만한 역삼각형 (화형) 	둥근 얼굴 (토형)
	도움을 받습니다	완만한 삼각형 (수형) 	계란형 (목형)
만나면 좋지 않은 얼굴 (상극)		네모 얼굴 (금형) 	완만한 삼각형 (수형)

※토형과 수형은 다르다. (토형은 수형보다 크다. 수형은 끊임없이 떠들고 토형은 조용하다.)

둥근 얼굴(토형)	네모 얼굴(금형)	완만한 삼각형(수형)
• 얼굴형이 동그랗게 뭉쳐지는 흙과 같이 전체적으로 둥긂 • 전체적으로 살이 있으며 등이 거북 등인 사람이 많음 ※ 얼굴과 몸이 마치 감자처럼 동 글동글함	• 얼굴형이 완만한 사각형임 • 머리와 얼굴이 각진 형태임 • 몸과 목이 굵고 어깨가 벌어짐 • 얼굴색은 희어 창백하게 보임 ※ 뼈가 강하고 살이 많지 않음. 또한 키가 크지 않고 강해 보임	• 얼굴형이 이마가 좁고 턱이 넓음 　– 이마가 좁고 내려가면서 광대뼈 와 턱이 큼 • 살이 많고 얼굴색도 검은 편임 　– 턱에 살이 많으며 하체가 짧음 ※ 몸이 마치 항아리 같음
• 우직하고 신의가 있고 원만함 • 물에 물 탄 듯, 술에 술 탄 듯 다소 우유부단한 성격임 • 천마리 종이학을 접으라면 접음 【충실하고 돈독한 것을 좋아함】	• 굳센 성격으로 남에게 지기 싫어하며 위엄이 있음 • 문제해결 시 정면돌파 형임 • 불의를 못 참고 명예를 중시함 【저축하고 모으는 것을 좋아함】	• 비밀스럽고 속내를 알 수 없음 • 물 흐르듯 순리대로 일함 • 한곳에 가만히 머무르지 못함 【감추고 숨기는 것을 좋아함】
• 자영업이나 서비스 계통 업무 적합 　– 거북 등이면 부자로 산다.	• 군(軍), 경찰 계통 등 활동적인 업무 　– 규정을 잘 지키는 '바른생활 맨'	• 사업가, 협상가 등 전략 업무 　– 부지런함, 유머감각, 지능 높음
• 계절 : 환절기(여름과 가을 사이) • 색깔 : 황색 • 비유 : 어중간함, 우직함, 소(牛)	• 계절 : 가을 • 색깔 : 흰색 • 비유 : 쓸쓸함, 서리(霜), 강력함	• 계절 : 겨울 • 색깔 : 검은색 • 비유 : 침착함, 비밀스러움, 두꺼움
네모 얼굴 (금형)	완만한 삼각형 (수형)	계란형 (목형)
완만한 역삼각형 (화형)	둥근 얼굴 (토형)	네모 얼굴 (금형)
계란형 (목형)	완만한 역삼각형 (화형)	둥근 얼굴 (토형)

나와 잘 어울리는 얼굴형과
잘 못 어울리는 얼굴형은?

사람의 얼굴을 주역의 오행과 관련하여 자세히 살펴보면 상생과 상극이 존재하게 됩니다. 좀 더 쉽게 설명하면 나무와 물은 상생이고, 물과 불은 상극입니다. 상생(相生)은 서로 잘 어울리는 것이고 반대로 상극(相剋)은 잘 어울리지 못하는 것입니다. 상생의 관계로는 다음과 같습니다. 나무는 물이 있어야 살 수 있고(水生木), 불은 나무가 있어야 탈 수 있습니다(木生火). 타고 남은 재는 결국 흙으로 돌아가 만물의 생명을 싹 틔우게 됩니다(火生土). 흙 속에서 품어내 키운 것이 돌과 쇠입니다(土生金). 즉 흙이 수만 년을 품어야만 비로소 쇠나 돌이 탄생되는 것입니다. 또한 맑은 물이 흐르기 위해서는 크고 작은 돌들이 가지런히 정화해 주어야만 맑은 물이 샘솟을 수 있습니다(金生水).

상극의 관계로는 다음과 같습니다. 나무는 흙을 뚫고(木剋土), 흙은 물을 막고(土剋水), 물은 불을 끄고(水剋火), 불은 쇠를 녹이고(火剋金), 쇠는 나무를 찍어 누릅니다(金剋木). 이것이 바로 상극의 원리입니다.

직장생활을 하다 보면 정기적으로 업무가 바뀌어 자리를 이동하여 근무하는 경우가 많습니다. 필자는 업무조정으로 자리가 바뀐 지 얼마 안 되어 옆에 있는 동료와 마음이 안 맞아 티격태격하는 경우를 많이 보아 왔습니다. 그런데 그 원인을 자세히 살펴보면 상극인 사람이 서로 곁에 앉아 있는 경우가 대부분이었습니다. 그래서 그 직원 사이에 관계를 중화할 수

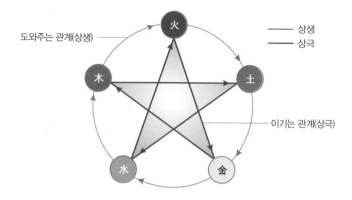

있는 상생의 직원을 앉히면 이상하리만큼 분위기가 좋아지는 것을 보았습니다. 얼굴 모양 또한 서로 어울리는 얼굴형이 있고 서로 어울리지 못하는 얼굴형이 있기 때문입니다.

자, 그럼 나와 잘 어울리는 얼굴형은 어떤 형의 얼굴형인지 알아볼까요? 다시 한 번 강조하지만, 얼굴형이 정확히 일치하지 않더라도 어느 쪽의 얼굴형에 더 가까운지만 판단하여 주시면 됩니다.

 ## 내 얼굴이 계란형 얼굴(목형)일 경우

완만한 역삼각형 얼굴(화형)과 친하게 지냅니다(木生火)

불을 피우려면 나무가 필요합니다. 또한 나무는 잘 자라려면 햇빛과 같이 적당한 온기가 필요합니다. 그러나 모든 문제는 화형이 주도하고 목형이 도와주는 형태입니다. 목형(木形)의 성격은 온순하며 섬세합니다. 남에게 싫은 소리를 잘하지 못하여 가슴앓이하는 반면 화형은 예리하고 논리적으로 상대방을 설득합니다. 즉 마음이 약해 남에게 쓴 소리를 잘못하는 목형의 단점을 화형이 보완해줍니다. 남에게 싫은 소리를 하지 못하는 목형의 입장에서는 화형의 예리하고 논리적인 모습이 괜히 마음에 듭니다. 화형은 목형한테 "할 말은 하면서 이 세상을 살아가라"고 충고하기도 합니다.

사각형 얼굴(금형)과 잘 어울리지 못합니다(金剋木)

쇠도끼와 쇠톱은 아무리 단단하고 오래된 나무라도 한순간에 쓰러뜨립니다. 금형의 성격은 명예를 중시하고 위엄이 있으며 승부욕이 강합니다. 자기의 주장을 관철하려고 하는 욕망이 강하여 남을 지배하려는 경향이 강합니다. 반면 목형은 온순하고 섬세하며, 남에게 싫은 소리를 잘하지 못하고 마음이 약한 사람입니다. 따라서 금형의 기세에 눌려 자기의 주장을 올곧게 펴지 못하게 됩니다. 다시 말해 금형의 과격함에 눌려 목형의 섬세함이 기를 펴지 못하는 격입니다.

내 얼굴이 완만한 역삼각형(화형) 얼굴일 경우

둥근 얼굴(토형)과 친하게 지냅니다. (火生土)

불에 타고 남은 재는 결국 대자연인 흙(土)으로 돌아갑니다. 한 줌의 흙 속에는 수천, 수억 마리의 미생물이 존재합니다. 이런 미생물이 싹을 틔우려면 적당한 햇빛과 온도가 필요합니다. 토형(土形)이 주도하고 화형(火形)이 도와주는 형태입니다. 화형의 성격은 지나치게 예리하고 신경질적이어서 주위에 사람이 많지 않습니다. 반면 토형은 원만한 성격을 가지고 있어 주위에 사람들이 아주 많습니다. 화형이 지나치게 예리하고 논리적이어서 다소 주위 사람들을 피곤하게 하나, 토형은 원만한 성격으로 화형의 피곤한 성격을 중화시켜 줍니다. 때론 토형은 화형을 보고 "왜 그리 인생을 피곤하게 사느냐? 웬만하면 포용하면서 이 세상을 살아가자"고 이야기합니다. 토형은 화형의 단점을 보완하여 사회생활의 촉매제와 윤활유 역할을 하는 데 도움을 주기도 합니다. 단적으로 표현하면 화형은 천 마리 종이학을 접으라면 못 접지만 토형은 무난히 천 마리 종이학을 접을 수 있는 성격입니다.

완만한 삼각형 얼굴(수형)과 잘 어울리지 못합니다(水剋火)

불(火)을 활활 태우고 싶어도 물(水) 한 바가지이면 금방 사라져 버리고 맙니다. 수형의 성격은 아무리 바빠도 감정에 치우치지 않고 냉철하게 순리대로 매사 일을 처리하는 스타일입니다. 반면 화형은 불같은 성격으로 가끔 감정에 치우치는 우(愚)를 범하는 경우가 종종 있습니다. 수형의 성격은 양파와 같은 성격으로 벗겨도 벗겨도 그 속내를 잘 드러내지 않습니다. 그러나 화형은 감정의 표현이 얼굴을 통하여 금방 나타나 상대방에게 속마음을 들켜 불리함을 당하기도 합니다. 포커를 칠 때 좋은 패를 들었으면 가장 먼저 해야 할 것은 표정관리입니다. 수형은 이런 표정관리가 가능하나 화형은 쉽지가 않습니다.

내 얼굴이 둥근 얼굴(토형)일 경우

네모난 얼굴(금형)과 친하게 지냅니다(土生金)

흙이 굳고 굳으면 결국 쇠나 돌이 됩니다. 금, 은, 보석은 깊은 땅속의 품 안에서 오랜 시간에 걸쳐 만들어질 때 비로소 보물이 되는 것입니다. 금형(金形)이 주도하고 토형(土形)이 도와주는 형태입니다. 토형의 성격은 웬만한 파리 떼에도 꿈쩍 않는 소처럼 우직하고 덤덤하며 원만한 성격입니다. 그러나 물에 물 탄 듯, 술에 술 탄 듯 다소 우유부단한 성격으로 인해 끊고 맺음이 확실하지 않습니다. 반면 금형은 적극적인 성격으로 한번 마음먹으면 반드시 해내는 성격입니다. 또한 불의를 못 참고 일부 과격한 면이 있으나 끝맺음은 확실합니다. 원만하지만 우유부단한 토형의 성격은 금형의 적극적인 성격에 의해 교정되어 끝맺음을 확실하게 하게 됩니다.

계란형 얼굴(목형)과 잘 어울리지 못합니다(木剋土)

나무는 흙을 뚫습니다. 또한 나무(木)는 흙(土)의 영양분을 필요하면 일방적으로 흡수하고 필요 없으면 흡수하지 않습니다. 흙은 괜히 손해 보는 것 같고 소외되는 것 같아 섭섭해합니다. 목형의 성격은 꼼꼼하고 섬세한 편이나 토형은 원만하며 우유부단하고 대충 대충 하는 성격이 다소 있습니다. 따라서 항상 목형의 지적을 받는 일이 허다합니다. 둘이 부딪치면 항상 목형은 토형이 못마땅하고 토형은 괜히 목형을 보면 피곤해하고 보기 싫어합니다.

내 얼굴이 사각형 얼굴(금형)일 경우

완만한 삼각형 얼굴(수형)과 친하게 지냅니다(金生水)

맑은 물이 흐르기 위해서는 크고 작은 돌들이 빠른 물길을 막아 주어야 합니다. 또한 바위와 돌은 수분인 물을 흡수하여야 부식되지 않고 오랜 시간 존재할 수 있습니다. 수형(水形)이 주도하고 금형(金形)이 도와주는 형태입니다. 금형의 성격은 딱 부러지고 승부욕이 강하며 과격한 성격으로 인간관계에 다소 문제가 생길 수 있습니다. 반면 수형은 물 흐르듯 순리대로 모든 일을 처리하여 일에 무리가 없습니다. 따라서 금형의 과격함과 수형의 부드러움이 하모니(harmony)를 이루며 일을 조화롭게 꾸려나가게 됩니다.

완만한 역삼각형 얼굴(화형)과 잘 어울리지 못합니다(火剋金)

불(火)은 아무리 단단한 쇠도 녹입니다. 쇠(金)는 불이 아니고서는 단단하게 굳어진 그 틀을 바꿀 수가 없습니다. 화형의 성격은 말 그대로 불같은 성격입니다. 또한 치밀하고, 날카롭고, 예리하나 다소 신경질적인 성격입니다. 반면 금형은 명예를 중시하고 위엄이 있으나 다소 융통성이 없고 치밀하지 못한 편입니다. 따라서 사물을 예리하고 정확히 보고 판단하는 화형에 불리함을 느낄 수밖에 없습니다. 다시 말해 화형의 분석적이며 예리하고 날카로운 면이 고지식하며 우직함과 명예심을 중요시하는 금형의 기운을 제어하게 됩니다.

내 얼굴이 완만한 삼각형 얼굴(수형)일 경우

 ### 계란형의 얼굴(목형)과 친하게 지냅니다(水生木)

나무 생존의 필수 조건은 물입니다. 물이 없으면 말라 비틀어져 결국 나무는 죽습니다. 나무는 물을 통하여 생명을 잉태하고 길러내어 비로소 자연계의 한 축을 담당할 수 있습니다. 목형(木形)이 주도하고 수형(水形)이 도와주는 형태입니다. 수형의 성격은 마치 양파 껍질과도 같습니다. 벗겨도 벗겨도 그 속내를 잘 드러내지 않고 베일에 싸여 있습니다. 이런 성격으로 말미암아 수형은 사업가적 기질이 있는 반면, 목형의 성격은 순진한 성격으로 사업가적 기질이 다소 부족합니다. 따라서 목형의 이런 단점을 수형이 보완해 줍니다. 부부간에 이런 유형이 만나면 조화롭게 가정을 꾸려나갈 수 있습니다.

 ### 둥근 얼굴(토형)과 잘 어울리지 못합니다(土剋水)

흙은 흘러가는 물길을 막습니다. 또한 흙(土)은 필요하면 일방적으로 물(水)을 흡수하고 필요 없으면 흡수하지 않습니다. 물은 괜히 손해 보는 것 같고 소외되는 것 같아 섭섭해집니다.

우리 속담에 '목마른 사람이 우물 판다'라는 말이 있습니다. 어떤 일에 대하여 절실히 필요한 사람이 그 일을 서둘러서 시작한다는 말입니다. 토형의 성격은 원만하며 바쁠 것도 느릴 것도 없습니다. 수형은 매사 모든 일을 물 흐르듯 순리대로 처리하려고 하나 상대적으로 토형은 꿈적하지 않습니다. 수형은 답답해합니다. 수형이 나서서 토형을 재촉하여 일을 처리하려 합니다. 따라서 자연스럽게 수형은 화가 나고 답답하여 토형과 같이 일하고 싶지 않습니다. 이러한 답답함이 본의 아니게 수형이 토형에게 끌려다니는 격이 됩니다.

나와 똑같은 얼굴형은
나와 잘 어울리는 얼굴일까

계란형 얼굴(목형)이 서로 만났을 때(상호 피곤한 관계)

나무는 성장하면서 먼저 큰 나무가 그늘을 드리우면 결국 그 주위의 다른 나무는 광합성 작용을 하지 못해 죽고 맙니다. 또한 큰 나무 옆에 또 다른 나무를 심어도 마찬가지의 결론에 도달하게 됩니다. 커다란 나무 옆에 새로운 나무를 심어 죽이지 않고 키우려면 일정한 간격을 떨어뜨려 심어야 그늘에 가려지지 않아 성장할 수 있는 것입니다.

이처럼 목형과 목형이 만나면 팽팽한 긴장관계가 형성돼 서로 피곤한 관계가 됩니다.

완만한 역삼각형 얼굴(화형)이 서로 만났을 때(상호 상승효과)

촛불의 불꽃 하나하나는 미약하나 촛불과 촛불이 모이면 순식간에 온 산을 맹렬하게 태워 버리듯 불과 불이 만나면 상승작용을 합니다. 화형과 화형이 만나면 작은 불이 더 큰 불이 되듯이 상승작용을 하여 시너지 효과를 창출하게 됩니다. 따라서 이와 같은 만남은 좋은 만남이 될 수 있습니다.

동그란 얼굴(토형)이 서로 만났을 때(상호 무관심한 관계)

지구상에는 하늘을 제외한 나머지 땅은 모두 흙과 돌로 구성되어 있습니다. 흙은 모든 생명을 품고 있어 넉넉합니다. 따라서 좋은 것과 나쁜 것을 구별하지 않고 모든 생명체를 그 품 안에 품습니다. 따라서 토형과 토형의 만남은 한마디로 소 닭 보듯이 합니다. 남의 일에 무관심하며 욕심이 없습니다. 나에게 피해를 주지 않으면 누구든 상관하지 않습니다.

사각형 얼굴(금형)이 서로 만났을 때(상호 상승효과)

수억만 톤의 물을 저장하는 댐은 돌을 갈아 만든 시멘트로 만듭니다. 즉 돌과 돌이 만나 결국 거대한 댐을 만들게 됩니다. 금형의 개개인은 작은 집단의 리더들입니다. 이런 리더들이 모여 한 나라를 구성하듯이 금형과 금형의 만남은 시너지 효과를 창출하게 됩니다.

완만한 삼각형 얼굴(수형)이 서로 만났을 때(상호 상승효과)

수적천석(水滴穿石)은 '물방울이 바위를 뚫는다'는 뜻으로, 작은 노력이라도 끈기 있게 계속하면 큰 일을 이룰 수 있습니다. 또한 한 방울 한 방울 물방울이 모이면 장마철 계곡의 거센 흐름을 만듭니다. 한 방울의 물은 미약하지만 이런 물방울이 뭉치면 그 힘은 이루 말할 수 없이 크다고 할 수 있습니다. 이렇듯 수형과 수형의 만남은 좋은 만남이 될 수 있습니다.

상생(相生)과 상극(相剋)은 단순히 좋고 나쁨의 관계가 아니다

상생(相生)이란 단어는 말 그대로 서로 도움이 되며 함께 살아간다는 의미를 담고 있습니다. 상생의 반대말로는 상극(相剋)이 있습니다. 그러나 상생은 무조건 좋고 상극은 무조건 나쁘다는 이분법적 사고는 재고(再考)되어야 합니다. 왜냐하면 이 세상의 모든 것은 어떻게 쓰이느냐에 따라 좋을 수도 있고 나쁠 수도 있기 때문입니다. 우선 상생에 대해 물질적으로 비유하여 보겠습니다. 나무(木)는 물(水)이 필요합니다[수생목(水生木)]. 따라서 물이 부족하면 말라 죽습니다. 반대로 너무 물이 많으면 뿌리가 썩게 되어 죽게 됩니다. 또한 생(生)을 받는 입장에서는 도움을 받으니 좋겠지만 도움을 준 쪽에서는 힘이 약해집니다. 만약 목형의 사람이 화형을 만난다면, 목생화(木生火)로 화형의 사람은 도움을 받아 그 기운이 강해지지만 목형의 사람은 반대로 에너지를 소진해 기운이 약해져 어렵게 됩니다.

다음은 상극에 대하여 생각해 보겠습니다. 상극은 반드시 나쁜 것일까요? 그렇지 않습니다. 이긴다는 것은 다른 것을 억누른다는 것으로 이기는 쪽에서 보면 좋으나 지는 쪽에서 보면 통제당하고 자존심 상하는 일입니다. 그러나 또 다른 측면에서 생각해 볼까요? 살아있는 나무(木)를 자를 때 쓰는 도끼(金)는 나무를 쳐서 죽이니 나무에는 치명적입니다(金克木). 그러나 나무를 올바르게 생장할 수 있도록 쓸데없는 가지를 쳐 주어 크고 곧게 자라게 하는 것은 좋은 일입니다. 실제 관상에서 얼굴이 갸름한 계란형의 목형이 사각형의 턱이 각진 금형의 얼굴을 만나면 이를 금극목(金克木)이라 해서 처음에는 고생하나 나중에는 발전하는 경우가 많습니다. 흔히들 상극이라고 하면 서로 대립하여 충돌하는 관계로 오해하기 쉽습니다. 상극은 양쪽이 비슷한 상태에서 힘을 겨루는 것이 아닌 한쪽에 쏠리는 지나친 힘을 제어하는 것입니다. 양잿물이나 염산을 따로따로 먹으면 죽습니다. 그 대신 양잿물과 염산을 섞으면 물이 되듯이 서로 상극이라도 서로 화합하여 어떻게 쓰이느냐에 따라 그 용도가 판이하게 달라지게 됩니다.

우주에서 오행을 구성하는 다섯 가지 요소는 서로 맞물려 있는 관계입니다. 나무는 흙과 물을 바탕으로 성장하고 훗날 불을 키워내는 재료가 되지만 한편으로는 금속성 물질인 쇠톱에 의해 잘려나가게 됩니다. 즉 서로가 서로에게 긴밀한 영향을 미치며 상호 존재할 수 있다는 이야기입니다. 오행의 원리는 시간과 공간을 오롯이 담고 있습니다. 시간의 흐름과 위치의 변화에 따라 오행의 힘이 다르게 작용하고 필요한 것도 바뀌게 됩니다. 즉 오행의 상생과 상극은 상황에 따라 도움이 되기도 하고 때로는 해악이 되기도 한다는 사실을 가슴속에 새겨두시기 바랍니다.

02

70년의 동거(同居),
나의 반쪽 찾기

••• 관상으로 보는 '배우자 선택'의 기준

우리는 살아가면서 흔히들 세가지 선택이 가장 중요하다고 말합니다. 첫째는 배우자의 선택이요, 둘째는 직업의 선택, 셋째는 가치관의 선택이라고 합니다. 그런데 이를 가만히 들여다보면 묘한 공통점이 있습니다. 이 세 가지 선택의 공통점은 한번 선택을 하면 오랜 기간 그 효과가 지속되며 그 파급효과가 내 삶과 밀접하게 연결된다는 것입니다. 그러면 이 세 가지 중 가장 중요하다고 생각하는 것 한 가지만 선택하라고 하면 독자 여러분은 어떤 것을 선택하시겠습니까? 생각할 것도 없이 약 70년 이상을 함께할 첫 번째의 선택, 즉 '배우자의 선택'일 것입니다. 지금의 이십대, 삼십대가 생을 마감하는 약 70년 후 평균수명은 100세에서 110세에 이를 것으로 전망되고 있습니다.

지금의 결혼 연령층이 결혼하면 지금까지 부모와 살아온 시간보다 무려 3배가 많은 70년을 배우자와 같이 살아야 한다는 결론에 도달하게 됩니다. 따라서 한번 결정한 배우자의 선택은 우리가 생을 마감하는 순간까지 아주 오랜 기간 그 영향을 미치게 됩니다. 그런데도 여러분들은 배우자를 쉽게 대충대충 선택할 수 있겠습니까? 징역살이의 가장 큰 고통 중 하나는 보고 싶은 사람은 못 보고 매일 보기 싫은 사람을 본다는 것입니다. 잘못된 배우자의 선택으로 인하여 평생 고통 속에서 산다면 삶이 암울하며 소름이 끼치지 않겠습니까.

그러면 두 번째로 중요한 선택은 무엇일까요? 그것은 바로 '직업의 선택'입니다. 보통 20대 후반에 직장 생활을 시작하여 퇴직하는 평균 55세에서 60세를 기준으로 하면 25년에서 30년 내외 정도를 매일 직장에 출근하여 생활해야 합니다. 이 직업의 선택은 여유 있는 경제력과 풍요로운 삶의 질을 결정하는 데 중요한 요인으로 작용하기도 합니다.

세 번째로 중요한 선택은 '가치관의 선택'입니다. 가치관의 선택은 어느 정도 가치관이 형성되는 불혹의 나이인 마흔을 기준으로 하되 삶의 질곡에 따라 변할 수도 있으므로 지속되는 시간을 특정할 수는 없습니다.

그러면 이 세 가지 선택 중 가장 중요한 '배우자의 선택'은 어떻게 하시겠습니까? 결혼을 전제로 처음으로 만나는 남녀는 그 사람의 호감 가는 외모에 의하여 만남이 지속되기도 하고 일회성으로 끝나기도 합니다. 이렇듯 배우자의 선택 시 외모는 무시할 수 없는 선택의 기준이 되기도 합니다. 배우자를 선택할 때 선택 기준에서 외모가 차지하는 비중이 상당히 높은 것은 어쩔 수 없는 사회현상입니다. 또한 이것은 인간의 기본적인 본능이기도 합니다. 물론 외모지상주의를 지향하는 것은 아닙니다. 그러나 여기서 절대로 간과해서는 안 될 것이 있습니다. 바로 외모의 기준, 즉 예쁜 것과 아름다운 것, 추한 것과 선한 것은 분명 차이가 있다는 것입니다. 예쁜 얼굴이 아닌 아름다운 얼굴을 찾아내고, 또한 추한 얼굴이 아닌 선한 얼굴을 찾아내 좋은 배우자를 만나 평생을 함께 해로(偕老)하자는 것입니다.

남자는 물건을 구입할 때 좋은 점을 보고, 여자는 나쁜 점을 우선 살핀다고 합니다. 남자는 여성의 아름다움을 이성을 사귀는 데 전제조건으로 본다는 것입니다. 반면 여성은 남자의 단점과 결점을 보아 리스크를 최대한 줄인다는 것입니다. 즉 남성은 배우자를 선택할 때 이상적으로 선택하고, 반면 여성은 현실적으로 선택한다는 것입니다. 우리의 부모님들은 오랜 세월 수많은 사람들을 겪어 왔기 때문에 어느 정도 사람을 볼 줄 압니다. 따라서 배우자를 선택할 때는 인생을 오래 살아온 부모님의 의견을 존중할 필요가 있습니다. 인간은 누구나 이성(異性)에 대한 그리움이 원초적으로 자리를 잡고 있습니다. 그러나 우리는 그것을 이성(理性)으로서 제어할 뿐입니다. 그러나 남녀를 불문하고 나이가 들게 되면 이성(異性)을 사귀거나 사랑하게 됩니다. 이는 자연스러운 인간의 본능으로 부모라도 막을 수는 없습니다. 따라서 부모들은 자식에게 이성(異性)을 잘 판단할 수 있는 능력을 키워주고 상대를 관찰하는 방법을 가르쳐야 합니다. 이성에 대한 신비감을 이성적(理性的)으로 판단할 수 있도록 부모가 자식을 이끌어 주어야 한다는 뜻이기도 합니다. 나의 반쪽 평생 반려자는 어느날 우연히 도둑처럼 나에게로 찾아옵니다.

배우자는 가능하면 자기와 크기가 다른 이목구비(귀와 눈, 코, 입)를 가진 사람을 만나는 것이 좋다

부부는 왜 닮아 가는가? 부부는 여기저기 부딪치고 깨지면서 오래 함께 살다 보면 얼굴형이 점차 닮아갑니다. 희로애락을 겪으면서 비로소 완전한 부부로 닮아갑니다. 부부는 어떤 감정을 느낄 때 얼굴 부위 중 서로 같은 근육을 사용하게 됩니다. 상대방이 웃을 때 같이 웃고, 슬플 때 같이 슬퍼하기 때문입니다. 따라서 자연스럽게 얼굴 모양이 닮아 가게 되는 것입니다. 부부는 처음부터 닮은 사람을 만나 사는 것보다 살아가면서 서로 닮아가는 것이 좋습니다.

독자 여러분, 만약 여러분의 배우자가 눈도 크고, 코도 크며, 입까지 크다면 성격은 어떨까요? 스케일이 클까요, 아니면 작을까요. 눈, 코, 입이 크면 성격이 쾌활하고 스케일이 커 씀씀이도 큰 사람입니다. 반면 눈, 코, 입이 작으면 스케일이 작고 섬세하고 꼼꼼한 사람입니다. 만약 부부 양쪽 모두가 눈도 크고, 코도 크며, 입까지 크다면 그 집안의 살림은 어떻게 될까요? 아마도 거덜나기 십상일 것입니다. 따라서 부부 중 한 사람이 입이 크면 한 사람은 입이 작고, 한 사람이 눈이 크면 한 사람은 눈이 작고, 한 사람이 코가 크면 한 사람은 코가 작아야 한다는 것입니다. 왜냐하면 부부 중 한 사람이 통 크게 일을 벌리면 다른 한 사람이 섬세하고 꼼꼼하게 챙겨 뒤처리를 해야 하기 때문입니다.

꽃처럼 예쁜 남자는 지구력과 돌파력이 부족하다

동물의 세계에서 수컷은 암컷보다 더 화려하고, 더 힘이 세고, 더 적극적입니다. 수컷의 정자는 한번에 2억~3억 마리가 만들어지는 데 반해서 암컷의 난자는 한 달에 1개씩만 만들어집니다. 따라서 생식세포 하나의 가치는 완전히 달라집니다. 이런 이유로 암컷은 좋은 유전자를 가진 건강한 자손을 퍼트리고자 수컷과의 경쟁에서 승리한 힘센 수컷의 유전자를 선택할 수밖에 없습니다. 따라서 수컷은 일차적으로 외모가 우선 강하게 보여 상대 수컷을 압박할 정도로 우람해야 하며 강한 힘이 전제되어야 합니다.

그러나 요즘 10대에서 20대 여학생에게 인기를 끌고 있는 남자는 강인한 외모를 가진 남자가 아니라 여자처럼 예쁘게 생긴 꽃미남입니다. 꽃미남은 꽃처럼 예쁜 남자를 일컫는 말입니다. 꽃미남의 조건을 대략 3가지로 구분한다고 합니다. 첫째, 얼굴이 작고 얼굴형도 턱 부분이 날씬한 계란형입니다. 둘째, 눈썹이 진하고 피부가 희며 여드름이 없어야 합니다. 셋째, 여성의 머리스타일을 해도 잘 어울리는 남자입니다. 필자가 보는 이상적인 남자 배우자는 대단히 미안하지만 꽃미남은 아닙니다. 관상학적으로 이런 꽃미남은 좋지 않은 남자의 관상입니다. 남성의 생김새가 여성처럼 생기거나 목소리가 여성처럼 가냘픈 소리를 내는 경우 남성적인 직업보다는 여성적인 직업에 종사하거나 아예 백수로 눌러 앉을 가능성이 높습니다. 남자는 광대뼈가 약간 튀어나와야 추진력과 도전적 성향이 있어 어려움을 돌파할 수 있습니다. 또한 턱이 크고 발달해야 지구력이 있어 어렵고 힘든 일들을 해결할 수 있습니다. 턱이 뾰족하고 약하면 재치가 있어 어려움 없이 살 때는 재미있게 살아갈 수 있습니다. 그러나 큰 어려움에 부딪쳤을 때는 지구력과 끈기가 부족하여 헤쳐 나가기 어렵습니다. 또한 턱이 약하면 중년 이후에 경제적으로 어려움을 겪을 수도 있습니다.

남자는 남자가, 여자는 여자가 보아야 정확히 볼 수 있다

남녀 간 이성(異性)의 감정이 중간에 개입하면 서로 제대로 들여다볼 수가 없습니다. 따라서 남자는 남자가 좀 더 정확히 볼 수 있으며, 여자는 여자가 좀 더 정확히 볼 수 있습니다. 배우자를 선택할 때 동성인그 배우자의 친구를 통하여 그 사람의 됨됨이를 알아보는 것도 이러한 리스크를 줄이는 한 좋은 방법입니다. 예를 들어 남자가 보기에는 그 남자는 그냥 근육만 있는 것 같은데 여자 눈에는 멋지게 보일 수가 있습니다. 여자가 보기에는 그 여자는 내숭을 떠는 것으로 보이지만 남자는 귀엽고 사랑스럽게 보일 수가 있습니다. 오죽하면 여자가 정말로 싫어하는 사람은 남성이 아니라 동성(同性)인 여자라는 사실입니다. 우스갯소리로 '여자가 싫어하는 얄미운 여자'를 연령대별로 구별하여 보면 다음과 같습니다. 10대는 얼굴 예쁘고 공부 잘하는 여자를 싫어하고, 20대는 자기보다 미운 여자가 성형수술에 성공해서 예뻐졌을 때 싫어한다고 합니다. 30대는 결혼 전에 놀 거 다 놀고 시집을 잘 갔을 때, 40대는 자기는 학교 다닐 때 공부를 지지리 못했는데 자식이 희망하는 좋은 대학에 갔을 때, 50대는 아무리 먹어도 살이 안 찌는 여자를 싫어한다고 합니다. 60대는 건강하고 돈도 많은 여자, 70대는 자식이 효도하고 남편이 호강시켜주는 여자, 80대는 아직도 살아 있는 여자라고 합니다. 어쩌면 이같이 동성 간에는 너무나 그 본성을 잘 알기에 오히려 싫어하는 것인지도 모를 일입니다.

결혼의 전제 조건으로 가족력을 고려해라

쌍꺼풀 수술을 하고 콧대를 높인 딸이 성형한 것이 탄로 날까 봐 엄마도 같이 성형한다는 웃지 못할 이야기가 있습니다. 쌍꺼풀이 없는 눈에 콧대가 낮은 딸이 결혼하게 되면 성형미인이라는 소리를 들을까 봐 양가 상견례를 앞두고 엄마도 같이 성형한다는 말입니다.

'콩 심은 데 콩 나고, 팥 심은 데 팥 난다'라는 속담이 있습니다. 이 말은 유전자에 따라 그 사람의 인성이 결정된다는 뜻이기도 합니다. 유전자가 나쁜 사람과 결혼하면 통계적으로 나쁜 혈통을 받아 범죄자가 될 확률이 높습니다. 도덕적으로 문란한 생활을 하거나, 폭력을 행사한다거나, 도박을 좋아하거나 등등의 성향을 가진 불량 유전자와 결합하면 현재 또는 후대에 비슷한 성향이 발생할 확률이 높다는 것입니다. 예를 들어 상대방의 가족 중에 우울증 환자가 있었거나, 자살로 젊어서 생을 마감했거나, 자기의 성격을 자제하지 못해 폭력을 가족에게 행사하거나 하면 그 사람도 그와 유사한 행동을 할 확률이 높습니다. 자식도 이와 같은 성격을 가지고 태어날 확률이 있기 때문입니다. 따라서 가문의 이력을 꼼꼼히 살펴서 결혼하는 것도 성공적인 결혼 생활을 영위하기 위한 한 방법일 것입니다.

남녀의 스태미나와 생식능력을 보려면 눈 밑 애교살을 봐라

결혼 후 부부의 관계를 이어주는 중요한 요소 중 하나가 자녀입니다. 인생을 살다 보면 많은 어려움에 봉착하게 되는데, 이 어려움을 극복하고 부부관계를 유지해 주는 끈이 바로 자녀입니다. 만약 자녀가 없다면 더욱 쉽게 서로 헤어지게 되는 것입니다. 왜냐하면 부부관계를 연결해 주는 끈이 없기 때문입니다.

요즘 심각한 환경오염과 컵라면 같은 인스턴트 식품과 빵, 햄버거, 패스트푸드와 같은 식품의 섭취로 남성의 정자수가 급격히 감소하고 있습니다. 따라서 결혼 후 몇 년이 지나도 자녀가 없는 사람이 많습니다. 임신이 안 되어 병원을 찾아 진료를 받아 보지만 둘 다 문제가 없다는 말만 듣습니다. 이 때문에 마음고생을 하는 사람이 뜻밖에 많습니다.

관상학에서 자녀의 출산 능력을 보는 부분은 눈 아래 두덩이, 즉 애교살입니다. 이 부분이 투명하리만큼 맑고 탄력이 있고 도톰하면 부부 사이가 좋고 건강하며 영특한 자녀를 갖게 됩니다. 만약 이 부분에 쭈글쭈글한 주름이 있거나 살가죽이 건조하게 마른 사람은 내분비 계통에 병이 있어 그 기능이 균형을 잃은 것이라 했습니다. 따라서 생식능력의 문제로 자녀 출산에 문제가 생긴다는 것입니다.

눈아래 두덩이 애교살에 세로줄 무늬나 그물 모양이 무늬가 있다면 심성과 인품이 좋지 않으며, 푹 꺼져 있거나 살이 썩은 듯하면 콩팥기능이 안좋고 자녀 때문에 마음고생을 많이 하게 됩니다. 나이가 마흔이 넘어 이 애교살이 탁한 색을 보이면 나이에 비해 정신적 육체적 발달이 빨라 조기에 성적 경험을 한 사람입니다. 또한 콧방울이 얇은 사람은 성 기능이 약하며 고환의 발육이나 난소의 발육이 좋지 않은 사람입니다. 만약 노인이 이 애교살 부분이 주머니 모양으로 처지면 생식능력이 없다고 보시면 됩니다.

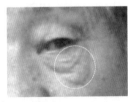

애교살이 주머니 모양으로
처지면 생식능력이 없다

•• 공부 잘하는 2세를 원한다면 배우자의 이것을 보라!

부모가 자식에게 강조하는 덕목은 나라마다 독특합니다. 미국은 '정직해라', 중국은 '부자가 되어라', 일본은 '남에게 폐 끼치지 마라', 한국은 종합 완결판으로 '훌륭한 사람이 되어라'입니다. 이렇듯 우리나라의 부모는 자녀에게 많은 것을 기대합니다. 따라서 요즘 우리 부모들은 자녀의 사교육비 때문에 허리가 휜다고 이야기합니다. 치열한 경쟁사회에서 좋은 학벌과 스펙은 좋은 직장에 취업하는 것과 함께 경제적 여유를 보장받는 데 유리하다고 합니다. 좋은 학벌과 스펙의 전제 조건은 부모님들의 경제력도 중요하지만, 더 중요한 것은 바로 좋은 두뇌 유전자를 부모로부터 물려받는 것입니다. 따라서 우수한 두뇌의 유전자를 가지고 있는 배우자를 고르는 것은 본인과 자식을 위해서 대단히 중요한 일입니다.

교육열이 높은 우리나라에 조금은 씁쓸한 우스갯소리가 있습니다. 아이가 공부를 잘하여 좋은 대학에 가기 위해서는 세 가지 요소가 필요하다고 합니다. '엄마의 정보력'과 '할아버지의 경제력', 그리고 '아빠의 무관심'이라고 합니다. 사회 일각에서는 열심히 노력만 하면 모든 것이 이루어진다고 이야기하기도 합니다. 그러나 부모로부터 물려받는 타고난 재능과 두뇌의 우수성은 무시할 수는 없는 요소 중 하나입니다. 아무리 열심히 물리학을 공부한다고 해도 어느 정도 뛰어난 두뇌를 가지고 있지 않으면 일정 부분은 결국 넘어서지 못한다는 것은 엄연한 현실입니다.

두뇌의 우수성은 어느 정도 유전된다고 볼 수 있습니다. 의사 집안에 의

사가 많고, 법조계 집안에 법조인이 많듯이 말입니다. 내가 비록 뛰어난 우성의 유전인자를 가지고 있지 않더라도 두뇌가 우수한 배우자를 골라야하는 이유가 여기에 있습니다. 훌륭한 사람 뒤에는 반드시 훌륭한 부모가 있기 때문입니다. 두뇌가 우수하다는 것은 사물을 판단하는 능력이 뛰어나고 지식을 획득하고 사용하는 방식에 관한 능력이 탁월한 것을 말합니다. 두뇌가 좋은지 알 수 있는 가장 손쉬운 방법은 보통 학습능력을 보는 것입니다. 공부를 잘한다는 것이 반드시 두뇌가 좋다고 말할 수는 없습니다. 하지만 두뇌의 우수성을 판단할 수 있는 객관적인 현상은 바로 학습능력입니다. 관상학에서 보통 학문으로 성공하는 사람을 보려면 눈동자와 이마, 미간, 치아, 귀 다섯 가지를 보라고 했습니다.

눈동자는 흑백이 분명하여 빛이 나야 한다

눈동자는 태양에 비유됩니다. 태양이 밝게 빛나야 곡식들이 광합성을 하여 만물을 키워낼 수 있듯이 눈동자는 밝게 빛이 나야 합니다. 눈동자의 흑백이 분명하다는 것은 눈의 흰자위와 검은 동자가 뚜렷하게 대비된다는 말입니다. 눈동자의 흑백이 분명하지 않으면 눈동자가 흐려 보이는데 마치 태양이 구름에 가려져 빛이 나지 않는 것과 같습니다. 물론 피곤해서 잠시 충혈된 눈은 어느 정도 시간이 지나면 마치 먹구름이 걷히듯이 회복되는 것이 보통입니다.

화룡점정(畵龍點睛)이란 말이 있습니다. 용(龍)을 그린 다음 마지막으로 눈동자를 그린다는 뜻입니다. 그만큼 눈동자는 중요하며 최종적으로 그 사람을 판단하는 부분이기도 합니다. 그런 중요한 눈동자가 누런

황토색이 나거나 붉으면 두뇌 유전자가 우성인자를 받지 못한 경우입니다. 따라서 인지능력과 지구력이 부족하여 학문을 시작하였으나 마무리를 하지 못해 결국 학문으로 성공하지 못하게 됩니다.

이마는 넓고 높아야 하며, 미간은 시원스럽게 넓어야 한다

이마와 미간이 좁으면 성격이 조급하여 차분히 앉아 있지 못해 장시간 학문에 전념할 수 없습니다. 이마와 미간이 반대로 지나치게 넓으면 게으른 면이 있어 또한 성공하지 못합니다. 이마는 자기의 엄지손가락을 뺀 나머지 네 개의 손가락이 다 들어가면 좋고, 앞장에서 언급했듯이 미간은 엄지손가락 2개가 들어가면 좋습니다. 쉽게 말하자면 이마와 미간은 시원스럽고 적당히 넓어야 여유를 가지고 꾸준히 학문에 전념하여 결국 성공하게 됩니다.

치아는 크고 옥과 같이 희어야 한다

학문으로 성공하는 사람을 알아보려면 앞니 중 위의 큰 것 두 개를 봅니다. 관상학에서는 이 두 개의 이빨을 문치(門齒)라 하여 마치 소의 이빨처럼 크고 듬직하게 생겨야 한다고 했습니다. 이런 치아를 가진 사람은 여유가 있고 의지가 강하여 학문으로 성공하며 부모에게 효도하는 사람이라고 할 수 있습니다. 또한 치아가 둥글고 가지런하여 마치 옥과 같이 희고 크다면 학문으로 크게 성공하게 됩니다. 치아가 오이씨처럼 짧으면 일명 귀신 이빨이라 하여 어리석어 학문의 원리를 깨우칠 수가 없습니다. 또한 치아가 못생기고 치아 사이가 뜨면 의지가 약하고 집중력이 떨어져 한

번 시작한 학문을 성공적으로 마무리할 수 없게 됩니다.

귀는 위와 아래가 크고 귓불도 커야 한다

귀는 눈썹을 돕고, 귓불은 입을 향해 있어야 합니다. 귓구멍이 크고 넓고 깊고 귓바퀴가 뚜렷하면 선이 굵고 대담하여 학문의 원리를 쉽게 터득하게 됩니다. 또한 학생의 귀 색깔이 얼굴보다 희면 세상에 학문으로 이름을 떨치게 됩니다.

이 밖에도 정수리와 뒤통수 사이가 튀어나오면 적극적이고 인내력이 뛰어나 의사, 판검사, 교수 등 전문직에 종사하게 됩니다. 그러나 목소리가 매우 급하고 힘이 없으면 창가에 앉아 만 권의 책을 읽어도 결국 학문으로 성공하지 못하게 됩니다.

남녀는 판단력이 부족해 결혼하고, 인내력이 없어 이혼하고, 기억력이 흐려져 재혼한다고 합니다. 요즘 젊은이들 사이에 유행하는 말입니다. 남녀가 결혼하여 한 가정을 꾸리는 것은 그만큼 어렵고 힘든 과정이라고 생각합니다. '아름답고 멋진 배우자는 눈을 즐겁게 하지만 현명한 배우자는 마음을 즐겁게 한다'라는 말이 있습니다. 즉 외적 아름다움은 눈을 즐겁게 하지만 내적 아름다움은 마음을 사로잡는다는 뜻입니다. 예쁘고 멋있는 것은 잠시 스쳐 가는 바람 같은 즐거움입니다. 그러나 마음이 즐거운 것은 아주 오랫동안 내 삶을 윤택하게 해줍니다.

••• 결혼하면 좋은 남자 관상

속담에 '여자 팔자 뒤웅박 팔자'라는 말이
있습니다. 뒤웅박은 쪼개지 않고 꼭지 근처
에 구멍만 뚫고 속을 파낸 바가지를 말합니

뒤웅박

다. 뒤웅박은 부잣집에서는 중요한 것을 담고 가난한 집에서는 담을 것이
없어 험하게 쓰이므로 여자의 팔자는 남편에 따라 호강하기도 하고 고생
하기도 한다고 하여 생겨난 말입니다.

예로부터 남자는 가정을 꾸리고 지켜가야 하는 외부적인 존재였습니
다. 정도의 차이는 있겠지만, 요즘도 남자는 외부의 적으로부터 가정을 지
켜내고 경제력을 제공해 가정이라는 공동체를 이끌고 가야 합니다. 가정
을 잘 지켜나가고, 돈을 많이 벌고, 배우자와 자녀들을 잘 양육하는 좋은
남자 관상의 특징을 알아보겠습니다.

이마는 넓고 반듯하며 둥글어야 한다

이마가 시원스레 넓고 반듯하면 지능과 기획력이 뛰어나며 사고의 틀이
크고 포용력이 있습니다. 이마의 빛깔이 밝고 깨끗하면 부모가 온전하고
부모로부터 올바른 가정교육을 잘 받았으며 사리가 분명하고 온정적인
사람입니다. 또한 부모로부터 물려받은 물질적인 재산으로 인해 경제적인
자립도 빨리 할 수 있습니다.

눈은 가늘면서 물결치듯 부드러워야 한다

길면서 가는 눈은 지혜로움을 상징합니다. 어떤 일을 할 때 합리적이고 핵심을 잡아 일을 처리합니다. 따라서 한 조직의 수장(首長) 지위에 오르거나 큰 사업체를 운영하는 사람이 됩니다. 또한 눈동자는 흑백이 분명해야 합니다. 눈동자가 검으면 경제적인 부와 신체적인 에너지도 넘쳐나는 사람입니다.

광대뼈는 적당히 튀어나와야 한다

광대뼈 부위가 잘 발달한 사람은 추진력이 좋고 사회생활 또한 활발하게 합니다. 특히 어렵고 힘든 일을 돌파해 낼 능력이 있습니다. 광대뼈는 이마와 턱과 함께 코를 중심으로 감싸듯이 있으면 좋습니다. 그러나 광대뼈만 유독 튀어나오면 고집이 세고 과격한 면이 있어 가정에서 폭력을 행사하는 남편이 될 수 있으니 조심해야 합니다.

코는 두텁고 살집이 많고 둥글어야 한다

코는 재물창고입니다. 코끝이 둥근 사람은 성격이 느긋하고 포용력이 있으며 많은 경제적 부를 축적하게 됩니다. 콧방울은 둥근 주머니처럼 풍성하게 매달려 있어야 재물의 소통이 잘되어 많은 부를 축적하게 됩니다. 코가 날카롭지 않고 콧방울이 둥글둥글한 남자는 경제적 여유를 가지고 행복하게 사는 사람입니다. 콧부리(눈 사이에 코가 시작되는 곳)가 좁으면 돈이 들어오지 않아 좋지 않습니다. 콧부리가 넓고 두둑해야 돈도 많이 들어오고 마음도 넓습니다.

턱은 U자형처럼 둥글고 살이 탄탄해야 한다

턱은 노년기의 삶을 보는 부위입니다. 턱은 주위가 둥글어 마치 유(U)자형처럼 둥글고 살이 탄탄하다면 노년에 반드시 풍요로운 삶을 영위할 수 있습니다.

또한 턱은 주위의 사람들이 나를 얼마나 많이 믿고 따르며 도와주는 것인지를 보는 부분이기도 합니다. 따라서 턱이 둥글고 살이 탄탄하다면 주위 사람의 도움으로 결국 성공하게 됩니다.

목소리는 맑고 울림이 있어야 한다

음성은 처음에는 작고 나중에 커서 울림이 있어야 합니다. 목구멍은 넓고 관대하여 울림이 있고 단단한 느낌이 있어야 합니다. 맑고 우렁우렁 울리는 목소리를 가진 남자는 큰 성공이 보장된 사람입니다. 목소리가 단전 (丹田) 깊은 곳에서 나오면 마음도 깊고, 목소리가 얇은 곳인 목에서 나오면 마음도 얇습니다.

입은 크고 넉넉해야 한다

입은 백 가지 물길을 다 받아들이는 곳으로 널찍하고 두툼하게 생겨야 좋습니다. 입이 작으면 가난합니다. 입이 두툼하고 큰 남자가 좋습니다. 이런 입은 스케일이 크고 적극적이어서 경제적인 부를 갖추고 풍요로운 삶을 삽니다. 입은 닫았을 때는 작고 벌렸을 때는 커야 좋은 입입니다.

눈썹은 눈의 길이와 같거나 조금 길어야 한다

눈썹은 차분히 누워 있고 눈의 길이와 같거나 조금 길어야 좋은 눈썹으로 봅니다. 이런 눈썹은 심성이 착하고 총명한 사람입니다. 주위로부터 다정다감하고 섬세한 성격의 소유자라는 칭찬을 자주 듣습니다. 또한 양 눈썹 사이가 적당히 넓은 남자는 학문으로 성공하게 되고 포용력이 있는 사람입니다.

몸의 털이 가늘고 부드러워야 한다

털은 가늘고 윤택하며 맑아야 합니다. 털은 내장기능의 발로입니다. 털이 가늘고 윤택하면 혈액순환이 잘되고 오장육부가 좋아 아주 건강하여 어떤 일이든 잘 처리하는 사람입니다. 털이 섬세하면 마음도 섬세하고 털이 거칠면 마음도 거친 사람입니다. 터럭 하나만 유심히 살펴봐도 어느 정도 그 사람의 참모습을 알 수 있습니다.

앉은키가 커야 한다

동료끼리 같은 키라도 앉은키가 큰 사람이 작은 사람을 압도하는 법입니다. 일반적으로 부유한 사람들이나 신분이 높은 사람들은 하체는 별로 길지 않고 앉은키가 크고 웅장합니다. 여성들은 상체보다 하체가 긴 서구형의 롱다리를 선호합니다. 그러나 앉은키가 큰 '숏 다리' 남자야말로 경제적인 부와 사회적인 지위 양쪽을 다 거머잡을 사람입니다.

••• 결혼하면 좋은 여자 관상

살아 있어도 사는 맛이 없는 인생이 세 가지가 있다고 합니다. 첫째는 남의 동정 속에 사는 사람이며, 둘째는 항상 육체에 고통을 느끼는 사람입니다. 마지막 셋째는 아내에게 속박당하며 사는 사람입니다. 따라서 남편을 속박하지 않고 넓은 아량으로 이해해주는 현명한 여성을 배우자로 선택하는 것은 너무나도 중요한 일입니다.

예로부터 남자의 관상과는 달리 여자의 관상을 볼 때는 다섯 부분으로 나누어 보았습니다. 목으로는 정조관념, 입으로는 자손의 생산능력, 눈꼬리로는 애정관계, 눈 아래 두덩으로는 자식, 코로는 경제력을 보았습니다. 이런 모든 것을 종합하여 배우자로 맞이하면 좋은 여성의 관상 특징을 요약해보면 다음과 같습니다.

이마는 밝고 흰색이 나며 도톰해야 한다

이마가 밝고 흰색이 나며 도톰하면 좋은 부모 밑에서 좋은 가정교육을 받고 자란 반듯한 사람입니다. 몸에서 풍기는 품격이 있어 뭇 남성들이 감히 접근을 해오지 못합니다. 세심하고 배려심이 많은 성격으로 가정 살림과 남편의 내조를 잘하며 자식교육을 잘해 자식을 출세시키기도 합니다.

눈동자가 안정되어 있어야 한다

사람을 볼 때 눈동자를 움직이지 않고 편히 사람을 바라보는 사람은 마음이 선한 사람입니다. 눈이 순하면 마음도 순합니다. 눈동자가 안정되어 있으면 이지적인 사람으로 교양이 풍부하고 지적 능력이 높아 주위 사람들로부터 존경을 받는 사람입니다.

눈두덩과 미간이 적당히 넓어야 한다

눈썹과 눈 사이, 눈두덩이 넓으면 재테크에 성공하여 많은 부동산을 소유하게 됩니다. 또한 마음이 넓고 배려심이 있어 평온한 가정을 꾸려 나가게 됩니다. 눈썹과 눈썹 사이 미간이 적당히 넓으면 인내심과 포용력이 있어 그릇이 크다는 이야기를 듣습니다. 직장에서도 확실한 자기 위치를 구축하게 됩니다.

코끝이 둥글고 콧방울에 힘이 있어야 한다

코끝이 둥글면 성격도 원만하며 아침 이슬이 맺히듯 재산도 모이게 됩니다. 또한 콧방울에 힘이 있으면 들어온 재산을 잘 지키고 자금운용을 잘하여 집안을 일으키게 됩니다.

목소리는 청아해야 한다

여성의 목소리는 은쟁반에 옥구슬 구르는 듯 청아하고 부드러워야 합니다. 목소리가 탁하면 마음도 탁합니다. 청아한 목소리를 가진 사람은 명랑하고 적극적인 성격으로 주위 사람들을 기쁘게 합니다.

입술은 도톰해야 한다

입은 자녀의 생산능력을 보는 부위입니다. 또한 스케일을 보는 부분이
기도 합니다. 도톰한 입술은 정이 많고 세심한 성격으로 남편이 놓친 부분
을 세밀히 챙겨서 훌륭한 가정의 현모양처가 됩니다.

걸음걸이는 바르고 조용해야 한다

발걸음은 한발 한발 신중히 땅에 놓으며 빠르지도 느리지도 않게 조
용히 걸어야 합니다. 힘이 있는 사람은 걷는 것도 힘 있게 걷습니다. 걸음
걸이가 조용하고 반듯하면 어떤 분야에서든 성공할 확률이 높으며 부(富)
를 많이 축적하게 됩니다. 또한 신중하며 품위 있는 걸음걸이는 평상심을
잃지 않는 내면의 강함이 있는 사람입니다.

둥근 얼굴로 복스럽고 오관 형태가 잘 짜여 있어야 한다

관상학적으로 브이(V)라인은 좋은 얼굴형이 아닙니다. 둥근 얼굴로 복
스럽고 오관(귀, 눈썹, 눈, 코, 입)의 형태가 잘 짜여 있는 얼굴형이 좋은 얼
굴입니다. 이런 얼굴은 대인관계가 원만하며 성격 또한 부드러운 사람입니
다. 또한 정이 많아 어려운 처지에 있는 사람을 도와줄 줄 아는 사람입니다.

코를 중심으로 광대뼈와 이마, 턱이 조화를 이루어야 한다

코를 중심으로 광대뼈와 이마, 턱이 조화를 이루면 구도가 잘 잡힌 한
폭의 좋은 그림과도 같습니다. 이렇게 광대뼈와 이마, 턱이 발달하여 조화
를 이룬 사람은 주위의 사람과 조화를 이루고 배려심이 있어 모든 사람이

좋아하는 사람입니다. 또한 성격이 느긋하며 포용력이 있으며 많은 재산을 획득하는 사업가로서 성공할 수 있습니다.

삼정(三停)의 길이가 같아야 한다

관상을 볼 때 가장 먼저 보는 부분이 얼굴을 세 개의 면적으로 나누어 보는 것입니다. 즉 이마 위 머리털이 난 데부터 미간까지, 미간에서부터 코끝까지, 코끝에서 턱 끝까지 세 부분으로 나누어 삼정(三停)이라고 합니다. 이 세 개의 길이가 같아야 좋은 얼굴입니다. 이 세 개의 길이가 같지 않으면 심지어 성형수술도 못 합니다. 이 세 부분의 길이가 같으면 초년과 중년 그리고 말년을 큰 어려움 없이 한평생 행복한 삶을 살아가게 됩니다.

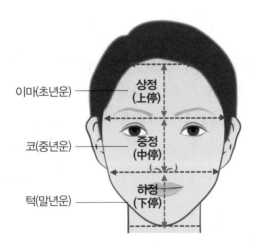

이마(초년운) ── 상정(上停)

코(중년운) ── 중정(中停)

턱(말년운) ── 하정(下停)

03

이런 남자
이런 여자는 피해야

원만한 결혼생활을 영위하려면 결혼 전에 상대방의 성격, 가정환경 등 여러 가지 부문에서 나와 잘 맞는지, 이 사람과 평생 함께할 수 있는지 등을 꼼꼼히 따져 보아야 합니다. 결혼 상대를 선택하는 것은 정말로 어려운 일입니다. 결혼 전·후가 여러 가지로 판이하게 다른 사람이 있는가 하면, 연애할 때는 눈에 콩깍지가 씌어 보이지 않던 단점이 결혼을 한 후에는 산덩이처럼 점점 커 보이기도 합니다. 당신이 꿈꾸는 배우자가 '백마 탄 왕자'나 '신데렐라'와 같은 사람은 아니더라도, 나를 진정으로 사랑해주고 배려해주는 배우자를 만나야 합니다.

세상은 아는 것만큼 보이게 됩니다. 좋은 배우자를 만나고 싶다면 사람을 보는 안목을 길러야만 합니다. 관상학의 바이블 중 하나인『마의상법(麻衣相法)』에서는 최악의 신랑감, 신붓감을 각각 10가지로 나누어 설명하고 있는데 요약하면 다음과 같습니다.

••• 이런 남자는 피해야

몸에 털이 지나치게 많다

고추나무에 잎이 지나치게 많거나 밭에 잡초가 무성하면 고추가 열리지 못하듯 몸에 털이 지나치게 많으면 자녀를 두기 어렵습니다. 목형유발(木形有髮)이라고 해서 식물이 거름기를 너무 빨아들이면 하늘 높은줄 모르고 웃자라게 됩니다. 그러면 진이 다 빠져 열매를 맺지 못하게 됩니다. 혹 열매를 맺어도 진이 다 빠진 후라 제대로 결실을 이루지 못하게 됩니다.

광대뼈만 유독 툭 튀어나왔다

광대뼈만 유난히 튀어나온 사람은 부부관계가 좋지 못하거나 서로 이별하여 살아가게 됩니다. 독관생면(獨觀生面)이라고 해서 광대뼈만 유독 툭 튀어나오고 턱 부분이 약하면 자기제어를 못해 배우자에게 폭력을 행사하거나 괴팍한 남편이 될 수 있습니다. 광대뼈가 튀어나오더라도 코를 중심으로 턱과 이마가 같이 튀어나오면 괜찮습니다.

콧대가 지나치게 높다

잘난 체하고 뽐내기를 좋아하는 사람을 흔히 '콧대가 높다'라고 이야기합니다. 독비고봉(獨鼻孤峯)이라고 해서 얼굴에서 코만 우뚝 높이 솟아 있는 남자는 세심함이 부족하고, 자기주장이 너무 강하여 원만한 부부관계를 유지할 수 없습니다. 또한 코끝이 유독 뾰족하고 얇으면 간사하고 이기적이어서 평탄한 가정을 이끌어갈 수가 없습니다. 콧방울을 관상학에서는 정위(廷尉), 난대(蘭台)라고 하여 우물과 부엌이라고 합니다. 콧방울이 얇아서 벌름거리고 작으면 우물과 부엌이 부실한 것이라고 합니다. 따라서 이런 남자는 가정살림에 경제적으로 도움을 주지 못하고 배우자에게 의지하여 무기력한 남자로 살게 됩니다.

얼굴이 분을 바른 듯 하얗다

얼굴이 마치 분을 바른 듯이 하얀 남자는 온실 속에서 곱게 자란 식물과 같아서 삭풍(朔風)이 불면 살 수가 없습니다. 면색여분(面色如粉)이라고 해서 얼굴색이 흰 남자는 양(陽)의 상징인 붉은 기운이 부족해 후손을 생산할 수가 없습니다. 남자는 하늘이고 하늘에는 태양이 있습니다. 붉은 태양의 정기를 받지 못하는데 어찌 건강한 후손을 생산할 수 있겠습니까?

인중과 턱에 수염이 없다

털은 내장기능의 발로입니다. '일신무호(一身無毫)'라 해서 몸에 털이 없으면 간사하고 배신하는 사람이라고 하여 좋지 않게 봅니다. 특히 인중과 턱에는 반드시 가늘고 부드럽고 수려한 수염이 있어야 좋습니다. 밤톨처럼 삐죽삐죽 나와 있는 수염을 가진 사람은 간사한 사람입니다. 이런 수염을 가진 사람은 마치 간신배를 연상하게 합니다. 반대로 가슴에 털이 많으면 급한 성격의 사람입니다. 이런 사람은 한번 화가 나면 자기 자신의 감정을 주체하지 못해 실수를 범하기도 합니다.

눈썹이 위로 둥글게 쭉 뻗어 올라갔다

미호교상(眉毫矯上)이라고 해서 눈썹이 마치 초승달처럼 위로 둥글게 쭉 뻗어 올라간 사람은 성격이 난폭하고 거친 사람이므로 조심해야 합니다. 우선 외모에서 풍기는 이미지는 부드러워 보이지만 실제로는 교활하고 거칠며 난폭하여 상대방에게 해를 끼치게 되니 각별히 조심해야 합니다.

이마에 난잡한 흉터가 있다

천창생자(天倉生疵)라고 해서 이마에 난잡한 흉터가 있으면 유년기에 좋지 않은 가정환경 속에서 부모의 혜택을 받지 못하고 자란 사람입니다. 또한 사고(思考)의 틀이 작고, 경박하여 큰일을 할 수가 없습니다. 이런 사람과 만나면 반드시 손해를 보게 되며 천명(天命)을 누리는 데도 방해가 됩니다. 이마의 흉터는 상대에게 위압감을 주게 되어 좋지 않은 인상을 주게 됩니다. 또한 이마에 흉터가 있으면 보통의 삶이 아닌 특별히 어려운 삶을 살아가게 됩니다.

실핏줄이 눈동자를 침범했다

홍근관정(紅筋貫睛) 또는 적관동(赤貫瞳)이라고 해서 '붉은 실핏줄이 눈동자를 침범'하고 있는 사람은 웃음 속에 칼을 품은 자로 상대방에게 큰 해를 끼치는 사람입니다. 겉으로는 순수하고 나약하게 보여 그 악함이 평소에는 드러나지 않지만, 막다른 골목에 몰리면 여지없이 그 본모습을 드러내 악행을 저지르는 사람입니다.

얼굴빛이 지나치게 검거나 푸르다

면색과흑(面色過黑)이라고 해서 얼굴빛이 마치 저승사자와 같이 지나치게 검거나 푸른 사람은 매우 이기적인 사람입니다. 남이 어떻게 되든 오직 자기의 이익만을 추구하여 남에게 해를 끼치는 일도 서슴지 않고 합니다. 이런 사람은 자신의 한 끼 식사를 위해 기꺼이 한 사람의 목숨을 빼앗는 악독한 사람입니다.

입술이 위로 말려 올라가 푸른색이 난다

순헌색청(脣軒色靑)이라 해서 입술이 위로 말려 올라가 푸른색이 나는 사람은 치명적인 질병이 있거나, 선천적으로 질병을 물려받은 사람이 많습니다. 따라서 체력적인 한계로 매사에 어떤 일이든 적극적으로 할 수가 없어, 결국 사회적으로 성공하지 못하게 됩니다. 입술은 선홍색의 윤택한 혈색이 나타나야 건강한 입술입니다.

••• 이런 여자는 피해야

얼굴에 주근깨나 반점이 많다

면다반점(面多斑點)이라고 해서 얼굴이 깨끗하지 못하고 주근깨나 반점이 유난히 많은 여성은 음기가 너무 강해 한 남자에게 만족하지 못하여 다른 뭇 남성을 찾아다니게 됩니다. 점은 심장에 응혈이 생겨 그 부위에 피가 멈춰서 생긴 것으로 혈(血)의 소산입니다. 주근깨나 반점이 많은 여성은 음기가 너무 강해 남편의 적극적인 관리가 필요한 사람입니다.

훔쳐보거나 흘겨본다

사시투시(斜視偸視)는 남자만 보면 흘끔흘끔 훔쳐보거나 흘겨보는 여자로, 바람기 있는 여자이거나 질투가 많은 여자입니다. 사람의 눈동자는 편안히 하여 사람을 봐야 합니다. 그러나 흘끔흘끔 훔쳐보는 여자는 바람기가 있어 한 남자로는 만족하지 못해 가정에 분란을 일으키는 여자입니다. 또한 흘겨보는 여자는 질투와 시기를 자주 하는 여자입니다. 따라서 주위 사람들과 화합하지 못하고 반목을 일삼아 하루도 집안이 편안한 날이 없습니다.

입을 가리고 사람을 본다

견인엄면(見人掩面)은 남자를 쳐다볼 때 입을 가리고 살살 교태를 부리듯 보는 여자로, 간사하며 바람기가 많은 사람입니다. 마치 고양이처럼 교태를 부려 남자를 꼬이게 하는 묘한 분위기를 연출하기도 합니다. 이런 여성은 젊었을 때는 항상 주위에 남자가 많으나 노년에는 외로운 삶을 살게 됩니다.

입술을 공연히 실룩거린다

안폐미축(眼閉媚蓄)은 공연히 입술을 실룩거리는 여자를 말합니다. 상대방으로부터 쓸데없이 오해를 받게 되거나, 자칫 교태를 부리는 것으로 착각하기 쉽습니다. 또한 항상 주위의 사람들에게 불만이 많은 것처럼 보여 배타의 대상이 되기도 합니다. 더불어 눈을 흘기는 버릇까지 더해진다면 사회생활을 하는 데 많은 어려움을 겪게 됩니다.

유두(乳頭)가 아래로 처져 있다

유두는 생명을 키우는 젖줄입니다. 따라서 유두는 아기가 잘 먹을 수 있도록 위로 향하는 것이 좋습니다. 그러나 유두향하(乳頭向下)는 유두가 아래로 처져 수유하는 데 좋지 않은 모양입니다. 따라서 이런 유두를 가진 여자는 자식에게 좋지 않은 영향을 미치게 됩니다. 옛날에는 집안의 대가 끊어질 수 있다고 하여 이런 여자를 매우 좋지 않은 여자로 보았습니다.

얼굴은 큰데 코가 작다

관상에서 가장 중요한 것은 균형과 조화입니다. 면대비소(面大鼻小)는 넓은 얼굴에 어울리지 않게 코가 작은 사람을 일컫는 말입니다. 여자가 이런 얼굴을 하고 있으면 경제적 어려움을 겪게 됩니다. 코는 농사지을 땅인데 얼굴에 비하여 코가 지나치게 작은 것은 농사지을 땅이 부족해 농작물을 많이 수확할 수 없게 된다는 뜻입니다. 따라서 경제적으로 매우 궁핍하게 살게 됩니다.

한 걸음에 엉덩이를 세 번 흔든다

걸음걸이는 마치 큰 배가 떠날 때 요동없이 떠나듯 조용히 부드럽고 무겁게 걸어야 합니다. 그러나 일보삼요(一步三搖)라 해서 걸음을 한 번 걸을 때마다 교태를 부리듯 엉덩이를 세 번 흔들며 걷는 여자는 바람기가 있는 여자입니다. 또한 걸음걸이가 마치 참새가 폴짝폴짝 뛰는 것 같고, 손을 흔들고 머리를 흔들며 걸으면 생각이 깊지 못하고 경솔한 사람입니다. 또한 거위나 오리가 걷는 것같이 뒤뚱뒤뚱 걸으면 마치 인생도 뒤뚱거리는 것처럼 어려운 삶을 살게 됩니다.

음부(陰部)에 음모(陰毛)가 없다

맑은 샘물 주위에는 수초(水草)가 있듯이 음기인 여성은 음부(陰部)에 음모(陰毛)가 적당량 있어야 합니다. 그러나 음호무모(陰戶無毛)라 해서 여성의 음부에 음모가 전혀 없는 무모증(無毛症)은 좋지 않습니다. 샘물에 수초가 전혀 없으면 삭막하게 보입니다. 음부 주위에 있는 음모(陰毛)는 조상의 음덕(陰德)을 보는 부분으로 적당량의 음모가 있으면 마음이 넓고, 남에게 알려지지 아니하게 조용히 덕행을 행하는 사람으로 노년에 복을 많이 받는 여자입니다.

양 볼에 살이 없어 말라 보인다

얼굴은 적당히 살이 있어야 합니다. 면대양삭(面大羊削)은 양 볼에 살이 없어 바짝 말라 한마디로 피골(皮骨)이 상접(相接)해 보이는 여자입니다. 살가죽과 뼈가 맞붙을 정도로 몹시 마른 여자는 신경질적이고 까다로운 성격으로 주위의 사람들이 싫어합니다. 배우자와의 관계도 늘 피곤하여 부부 사이가 멀어지게 됩니다. 또한 이런 여자는 정도가 심하면 신경쇠약에 걸려 자신의 건강을 해치기도 합니다.

따분한 듯 기지개를 켜고 하품을 자주 한다

사람의 얼굴은 신선한 기(氣)가 분출하여 항상 생동감이 넘쳐나야 합니다. 그러나 탄기신요(歎氣伸腰)라 해서 여성이 허리가 늘어지도록 길게 기지개를 켜고, 따분하다는 듯 하품을 자주 하며 이유 없이 탄식하는 여자는 처량하고 한심한 삶을 사는 여자입니다. 이런 여자는 우유부단하여 어떤 일도 제대로 해내지 못합니다. 또한 비관적으로 세상을 바라봐 염세주의에 빠지기 쉽습니다.

04

면접에서
통(通)하는 관상

••• 면접관이 알아야 할 관상

상대에게 나의 이미지를 각인시키는 데 걸리는 시간은 5초밖에 되지 않는다고 합니다. 이렇듯 나의 첫인상은 짧은 시간에 상대방의 머릿속에 각인되지만 나의 잘못된 이미지를 바꾸는 데는 무려 60번의 만남이 필요하다고 합니다. 미국 캘리포니아 대학의 심리학자 앨버트 메러비안(Albert Mehrabian)에 따르면 첫인상이 결정되는 요소로 '외모(시각적 요소)'가 55%, 그다음으로 '목소리 톤(청각적 요소)'이 38%, 마지막으로 '말의 내용'이 7%라고 했습니다. 이렇듯 첫인상은 인간관계를 형성하는 데 매우 중요한 요소로 자리 잡고 있습니다.

입사 면접을 앞둔 어느 유명 중소기업의 사장에게 필자가 찾아가 물어보았습니다. "사장님께서는 신입사원 면접 때 무엇을 중점적으로 보십니까?" 그러자 사장은 이렇게 간단히 대답했습니다. "관상을 중점적으로 봅니다." 그래서 필자는 "사장님은 관상학 전문가도 아닌데 왜 관상을 기준으로 삼습니까?"라고 다시 물어보았습니다. 그러자 사장은 "얼굴만큼 많은 정보를 나타내는 것도 드뭅니다. 예를 들어 항상 불평만 하고 마음 씀씀이가 안 좋은 사람이 관상이 좋을 리가 있겠습니까?"라고 필자에게 되물었습니다.

요즘은 학력 파괴 시대입니다. 신입사원 면접 때 학력란을 아예 없애버리는 경우도 많습니다. 따라서 요즘의 입사 면접은 그 사람의 이미지 즉 얼굴을 보고 채용하는 경향이 뚜렷이 나타나고 있습니다.

국내 기업 중 세계 굴지의 그룹으로 성장한 S그룹의 창업주는 신입사원을 선발할 때 관상을 보고 선발했다고 합니다. 그때 입사한 사람이 지금 세계 경제를 주름잡고 있는 것입니다.

관상학자들이 기업체 신입사원 면접을 볼 때 여러 가지 요소를 보지만, 그중 대표적인 것 몇 가지만 말씀 드리겠습니다. 일반적으로 기업체 신입사원 면접에서는 이마가 좁은 사람을 꺼립니다. 그리고 눈두덩이 검거나 푸른색이 나는 사람도 꺼립니다. 또한 윗입술이 얇은 사람과 턱이 세모꼴로 뾰족한 사람을 꺼립니다. 독자 여러분은 왜 이렇게 생긴 사람들을 기업체에서 꺼린다고 생각하십니까?

이마가 좁은 사람은 덕(德)을 바랄 수 없다

이마가 넓으면 마음도 넓다는 말을 많이 들어보셨을 겁니다. 또한 이마가 넓은 사람들이 총명하고 두뇌 회전도 빠르고 기획력이 우수해서 성공하는 사람이 많습니다. 반대로 이마가 좁고 탁한 색이 나면 성격이 옹졸하고 급한 성격으로 너그러운 포용력과 덕을 바랄 수가 없습니다. 또한 사물을 크고 넓게 보는 시야가 부족하여 리더로서 역할에 한계를 느끼게 됩니다. 이마의 면적은 얼굴의 면적과 비례해서 이마의 점유비를 봐야 합니다. 대체로 얼굴이 작은 사람은 얼굴이 큰 사람에 비하여 이마가 당연히 작습니다. 따라서 이마의 크기는 얼굴 면적에 비례하여 봐야 합니다. 보통 이마의 크기는 자기의 엄지손가락을 뺀 나머지 네 개의 손가락이 가로로 이마에 다 들어가면 표준크기로 봅니다.

눈두덩이 검거나 푸른색이 나는 사람과 중요한 거래를 할 경우는 특히 주의를 기울여야 한다

눈두덩이 검거나 푸른색이 나는 사람과 보증이나 중요한 금전계약을 할 때는 매우 주의를 기울여야 합니다. 왜냐하면 치명적인 질병으로 인하여 몸이 병약하거나 건강이 좋지 않은 상태이기 때문입니다. 허약한 체력 때문에 매사 일을 처리하지 못하여 조직생활에 적응하는 데 한계가 있을 수밖에 없습니다. 우리가 흔히들 이야기하는 다크서클과는 다소 차이가 있습니다. 다크서클이란, 아래쪽 눈꺼풀을 둘러싸고 있는 지방의 막이 약해 색소가 침착되는 현상을 말합니다. 이 다크서클은 일시적으로 기(氣)가 막힌 상태이기 때문에 시간이 지나 기(氣)가 통하게 되면 자연히 해소되니 문제가 되지 않습니다.

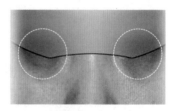

다크써클(dark circle)

윗입술이 얇은 사람은 비밀을 지키지 못한다

말이 많은 사람의 입술을 보면 대부분 윗입술이 얇습니다. 구조적으로 윗입술이 두꺼우면 우선 말을 빨리하지 못하게 됩니다. 동네에서 말이 많아 구설에 자주 오르내리는 아주머니의 입술을 보시면 이와 같습니다. 반면 윗

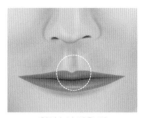

윗입술이 얇은 입

입술이 두꺼운 사람은 적극적인 성격으로 남을 위해 헌신하는 사람으로 여러 사람으로부터 호감을 받게 됩니다.

'들은 귀는 천년이요, 말한 입은 사흘이다'라는 말이 있습니다. '말하는 사람은 바닷가 모래 위에 글씨를 쓰듯 말하지만 듣는 사람은 쇠 철판에 글씨를 새기듯 들을 때가 있다'는 뜻입니다. 자신은 지나가는 말로 아무 생각없이 말을 하지만, 그 말을 들은 사람은 두고두고 잊지 못할 때가 있다는 뜻입니다. 따라서 말은 신중하게 한마디 한마디 해야 합니다.

턱이 세모꼴로 뾰족한 사람은 조직을 배신한다

옛날 사극 드라마를 보면 사또 밑에서 일하는 이방의 배역을 고를 때 세모꼴로 턱이 뾰족한 사람을 선택하곤 했습니다.

뾰족 턱을 '턱이 까분다'라고 이야기하기도 합니다. 이런 뾰족 턱을 가진 사람은 신중하지 못하고 기회주의적인 요소가 강한 사람입니다. 따라서 기회가 오면 자기의 영리를 위하여 손쉽게 입장을 변화시켜 자기의 이익을 취하는 사람입니다.

••• 취업준비생이 알아야 할 관상

취업이 하늘의 별따기보다 어렵다고 합니다. 따라서 취업준비생들은 면접에서 호감 가는 인상을 주기 위해 성형을 하거나 화장법을 배우는 등 다양한 방법으로 취업을 준비하고 있습니다. 일부 기업에서는 기업의 심장부격인 자금을 관리하는 재무회계 분야나 기획분야 등에서 신입사원을 뽑을 때 관상면접을 하기도 합니다.

면접관들이 면접을 볼 때 면접 대상자가 문을 열고 들어서는 그 짧은 순간 대충 판별이 끝납니다. 순간적으로 그의 얼굴과 태도, 분위기에서 그의 성격이나 됨됨이를 파악하기 때문입니다. 면접이라고 하면 보통 어떤 질문에 대답하는 일련의 과정이라고 생각하기 쉽습니다. 즉 난해하고 까다로운 질문에 얼마나 재치있고 정확하게 대답하는지를 테스트하는 것으로 생각합니다. 그러나 실제로는 이러한 대답들조차 그 사람의 인상에 의하여 크게 좌우된다는 것입니다. 예를 들어 정직하고 순박한 인상을 지닌 사람이 면접관의 질문에 대답을 잘 못하면 '이 사람 참 순박하여 긴장해서 답변을 잘 못하구나' 라고 긍정적으로 판단을 할 수 있습니다. 반면에 꾀돌이처럼 생긴 사람이 청산유수처럼 대답을 잘하면 반대로 '이 사람은 닳고 닳은 사람이구나'라고 부정적인 평가를 내릴 수가 있습니다.

면접관들이 신입사원을 뽑을 때 가장 중시하는 관상의 포인트가 있습니다. 이 포인트를 파악해 자신의 약점을 보완한다면 취업에 큰 도움이 됩니다. 취업준비생의 첫인상은 매우 중요합니다. 면접관들에게 좋은 인상을

줄 수 있도록 약점은 보완하고 장점은 돋보이도록 면접전략을 세울 필요
가 있습니다. 그러면 면접 시 좋지 않은 인상을 주는 다섯가지의 얼굴 특징
을 요약해 보고 여기에 대한 대응방안을 살펴보겠습니다.

면접 시 좋지 않은 인상을 주는 다섯 가지 얼굴 특징

첫째 – 흐린 눈빛

몸이 아픈 사람의 눈을 보면 그 병환이 어느 정도 깊은지 알 수가 있습
니다. 죽음을 앞둔 사람의 눈은 마치 호롱불이 꺼지듯 뿌옇게 되면서 앞이
잘 안 보이고 결국 눈에서 빛이 사그라져 죽음에 이르게 됩니다. 눈이 흐
리면 마음도 흐리고 잠이 많습니다. 잠이 많다는 것은 게으를 확률이 높
다는 것이고, 게으르면 사회적으로 성공할 확률이 낮습니다.

흐릿한 눈을 가졌다면 충분한 휴식과 수면으로 흑백이 분명한 눈으로
만들어 '총명한' 이미지를 보여줘야 합니다.

관상학에서 다른 곳이 다소 부족하더라도 눈빛이 살아 있으면 부족한
부분을 대신할 수 있다고 했습니다.

눈이 빛나는 사람을 자세히 살펴보면 눈의 흰자위와 검은 눈동자가 맑
고 깨끗하여 흑백이 분명하게 보이는 사람입니다. 눈은 하늘의 태양에 비
유하기도 합니다. 흐린 날씨가 이어지면 수확의 결실을 보지 못합니다. 태
양이 밝게 빛나야 태양계의 모든 동식물이 결실을 볼 수 있습니다. 사람의
눈도 빛이 나야 추구하는 일의 결실을 잘 맺을 수 있습니다.

따라서 눈은 흑백이 분명하고 환하게 빛이 나야 매사 모든 일을 열정적

으로 추구하여 성과를 낼 수 있는 것입니다. 눈빛이 흐리다는 것은 피곤하다는 것이고, 맑다는 것은 건강하다는 표시입니다. 면접 보러 가기 전에는 충분한 수면과 휴식으로 신진대사를 원활히 하여 흰자위가 충혈되지 않도록 해야 합니다.

둘째 – 사나운 눈매

눈매는 인상을 사납게 보이게 하거나 순하게 보이게 하는 데 결정적인 영향을 줍니다. 눈꼬리가 올라간 사람은 날카롭고 공격적으로 보여 남들이 꺼립니다. 사나운 눈매를 가진 사람은 성격이 과격하고 모든 일을 극단적으로 처리하는 경향이 있습니다. 따라서 다양성 속에서 문제를 해결해 나가는 조직생활에는 부적합하다고 보는 겁니다.

사나운 눈빛을 부드러운 눈빛으로 만들어 '부드러운' 이미지를 보여 줘야 합니다.

우리는 눈을 통하여 사람의 마음을 알아볼 수 있고 또한 성격까지도 알 수 있습니다. 눈은 물결치듯 부드럽고 긴 세장형(細長型)을 좋은 눈으로 봅니다. 따라서 면접장에서는 마음을 편안히 하고 부드러운 미소를 지어서 마음을 다스려야 합니다. 그러면 설사 사나운 눈매를 가진 사람이라도 한층 눈매가 부드러워지게 됩니다.

셋째 – 미간을 찌푸린 얼굴

미간의 주름은 자주 화내고 찡그리다 보면 생기게 됩니다. 세월이 지남에 따라 생기는 주름이 아니라 성격의 기복이 심해 이루어진 주름이란 말이기도 합니다. 미간을 찡그리면 일이 잘 풀리지 않는다는 방증입니다. 또한 미간 주름은 부정적인 생각을 많이 하면 생기게 됩니다. 따라서 현 사회에 적응하지 못하는 사회 부적응자로 전락할 확률이 높습니다.

미간과 이마 주름을 펴 '긍정적인' 이미지를 보여줘야 합니다.

미간은 행운이 들어오는 곳입니다. 이 미간을 찡그리면 마치 대문을 닫고 있는 것과 같아 행운이 들어오지 못합니다.

미간은 항상 펴져 있어야 행운이 들어옵니다. 미간의 주름은 근육이 뭉쳐서 생긴 것입니다. 따라서 아침에 일어나 세수하기 전 엄지손가락으로 마사지 해주면 머지않아 뭉친 근육이 펴져 주름이 없어지게 됩니다. 그러나 미간의 주름을 근본적으로 예방하려면 힘들고 어려운 일이 있더라도 사물을 긍정적으로 바라보고 생각해야 합니다. 이런 훈련이 지속되고 일정기간이 지나면 자연히 미간이 펴지면서 좋은 인상으로 바뀌게 됩니다.

넷째 – 눈을 잘 마주치지 못하는 사람

상대방과 대화를 할 때 눈을 잘 마주치지 않는 사람은 상대방에게 무엇인가를 숨기고 있거나 속이고 있는 사람입니다. 또한 당당하게 자기 자신의 의견을 주장하지 못하여 다른 사람에게 끌려다니는 사람이 많습니다. 그리고 남들이 모르는 자기만의 비밀이 있고 사회성도 부족해 어떤 일을 맡겨도 그 일을 능히 해낼 수가 없습니다.

편안하게 상대방과 눈을 맞추어 '자신감 있는' 이미지를 보여줘야 합니다.

조용히 상대의 눈을 응시하면서 대화를 하는 사람은 믿을 수 있는 사람입니다. 관상학 서적인 『달마상법』에서는 상대방을 바라보지 않고 이야기하는 사람은 뭔가를 속이는 사람이라고 했습니다. 면접을 볼 때는 편안하게 상대방을 응시하며 주어진 질문에 또박또박 답하여 자신감 있는 모습을 보여 주어야 합니다.

다섯째 – 웃음기가 전혀 없는 무표정한 사람

어떤 사람이 표정 없이 가만히 있으면 주위 사람들이 '왜 저래, 화났나?'라고 오해를 하곤 합니다. 무표정한 사람은 추구하는 목표가 없는 경우가 많습니다. 따라서 의욕과 도전의식이 부족하여 일에 대한 성취감을 느낄 수가 없습니다. 주위 사람에게 부정적인 바이러스를 퍼트리는 주역으로 찍혀 조직에서 도태되기도 합니다.

무표정한 얼굴은 입꼬리를 올려 '웃음기가 있는 상냥한' 이미지를 보여 줘야 합니다.

우리 인간의 얼굴에는 오만가지의 인상이 있다고 합니다. 그래서 인상을 쓰는 사람을 오만상을 찌푸린다고 이야기하기도 합니다.

우리의 신체구조 중 유일하게 슬프고 기쁜 감정을 표현하는 곳은 얼굴입니다. 특히 이마 주름과 미간, 입을 통하여 감정을 표현하기도 합니다. 입꼬리가 처져 퉁명스럽게 보이는 사람은 면접 때 입꼬리를 올려 적극적이고 상냥한 사람으로의 이미지 개선이 필요합니다. 입꼬리를 올리는 방법 중 가장 좋은 방법은 항상 웃으면서 생활하는 것입니다. 웃으면 볼 근육을 움직이게 되어서 자연히 입꼬리가 올라가게 됩니다.

이 밖에도 화장을 통하여 자기의 이미지를 좋게 보이게 하는 것도 매우 중요합니다. 연기자가 화장으로 자신의 약점을 감추고 장점을 돋보이게 하듯이 자기의 부족한 부분을 보완하여 남에게 좋은 이미지를 심어 주는 것은 좋은 일입니다. 따라서 면접에서 화장을 통하여 '장점을 돋보이게 하여 좋은 이미지를 보여줄' 필요성이 있습니다. 예를 들어 얼굴에 각이 진 사람은 부드럽게, 얼굴이 동그란 사람은 좀 강직하게 보이도록 헤어스타일을 바꾸는 것도 중요합니다. 따라서 얼굴 전체가 조화롭고 일반인의 기준으로 보았을 때 호감을 불러일으키는 얼굴이 좋은 관상과도 일맥상통하기 때문에 면접에서도 유리하게 됩니다.

05

성형수술을 하면
운명이 바뀌는가

••• 얼굴에 칼 대지 마라!

한 중년 여성이 심장마비에 걸렸습니다. 수술대 위에서 그녀는 거의 죽음을 경험했습니다. 하느님을 만난 그녀가 물었습니다. "제가 죽을 때가 됐나요?" 하느님께서 대답했습니다. "아니, 아직 40년은 더 남았지." 그녀는 회복한 뒤 병원에 남아 성형수술과 지방흡입술, 복부지방 제거수술까지 몽땅 받았습니다. 앞으로 남은 인생을 최대한 멋지게 살 생각이었습니다. 그런데 마지막 수술까지 마치고 퇴원하던 길에 그녀는 횡단보도를 건너다 그만 차에 치어 죽고 말았습니다. 그래서 그녀는 하느님 앞에서 따져 물었습니다. "제게 아직 40년이나 더 남았다고 하셨잖아요. 왜 저를 차가 오는데 빼내 주지 않으셨죠?" 하느님이 대답하셨습니다. "못 알아봤다. 성형은 지랄한다고 해가지고…." 웃지 못할 한 중년 여성의 성형 관련 유머입니다.

지금 우리나라는 광풍이라고 할 정도로 성형 열풍이 불고 있습니다. 한

국은 인구 대비 성형수술 비율이 세계 1위를 기록했습니다. 영국 경제주간
지 〈이코노미스트〉는 국제성형의학회(ISAPS) 보고서를 인용하여 인구 대
비 성형수술 횟수에서 한국이 1위를 차지했다고 보도했습니다. 또한 강남
의 한 성형외과가 병원 내부에 환자들의 턱뼈를 가득 담은 유리 상자, 이른
바 '턱뼈 탑'을 설치해서 사회적 문제를 일으킨 바도 있습니다. 이 턱뼈 탑은
미국 시사주간지 〈타임〉 인터넷판에 보도되어 국제적 웃음거리가 되기도
했습니다. 〈타임〉은 '일부 일본식당이 작은 모형으로 자신들의 음식을 소
개하는 것처럼, 한국의 한 성형외과는 깎은 턱뼈로 가득한 구역질 나는 탑
을 설치했다'고 보도하기도 했습니다. 또 '한국에서 턱뼈를 깎는 양악 수술
이 인기를 얻고 있다'면서 '한국이 여성 다섯 명 중 한명은 성형수술을 받는
다'고 한국의 성형수술 열풍을 꼬집어 비판하기도 하였습니다.

　여기에서 문제가 된 양악 수술은 위턱과 아래턱을 함께 수술하여 턱뼈
나 치아의 불규칙성을 교정하는 수술입니다. 이렇듯 양악 수술은 원래 외
모개선의 목적보다는 심각한 턱의 문제로 인한 고통을 치료하는 데 그 목
적이 있었습니다. 그러나 양악수술을 통하여 얼굴이 작고 갸름한 동안(童
顔) 미녀나 훈남으로 변신한 연예인들을 본 후 젊은이들 사이에서 양악 수

술이 유행하고 있습니다. 수많은 언론매체도 안면 윤곽 수술을 동안의 얼굴을 만드는 수술인 양 광고하여 많은 사람을 유혹하고 있습니다.

멀쩡한 산을 깎아 길을 내고 손을 대면 언젠가는 산사태라는 치명적인 사고로 우리에게 다가옵니다. 마찬가지로 성형수술의 문제점은 얼굴의 균형과 조화를 깰 수 있는 위험이 있다는 것입니다. 균형과 조화가 깨지면 어느 순간 정형화된 얼굴이 싫증나는 얼굴로 변할 수 있기 때문입니다. 얼굴을 일부 수정하면 전체적으로 조화가 안 맞아 다른 데 수정하고 또 수정하게 됩니다. 한 번의 수술로 만족하지 못하고 계속하게 되어 악순환의 고리를 끊지 못하게 됩니다.

아름다운 것과 예쁜 것의 차이가 있듯이 우리 얼굴에도 아름다운 얼굴과 예쁜 얼굴의 차이점이 있습니다. 예쁜 것과 달리 아름다움이란 여러 가지 요소가 결합하여 균형과 조화를 이루는 것입니다. 관상학에서도 아름다운 얼굴이란 얼굴 각 부분이 균형과 조화를 이룬 얼굴입니다.

이 밖에도 관상학적으로 성형의 문제점은 여러 가지가 있습니다. 쌍꺼풀 수술을 하면 눈두덩이 부위의 살을 제거하게 되는데, 당장은 깜찍하게 보일지 모르지만 어딘지 모르게 급하고 사납게 보일 수가 있으니 특히 조심해야 합니다. 또한 쌍꺼풀 수술은 눈두덩이가 좁아져 소유하고 있는 부동산의 손실이 올까 염려됩니다. 코는 재물과 관련됩니다. 콧대를 높이는 성형은 뾰족코를 만들기 쉽습니다. 콧대를 높이면 미간이 좁아져 행운이 달아나고 재물의 손실이 발생하게 됩니다. 또한 포용력이 없어져 급박해 보이게 됩니다. 턱을 깎으면 턱이 뾰족해져 말년운과 지구력이 부족해 사회생활에 어려움을 겪게 됩니다. 입가의 미소 주름, 즉 팔자 주름을 없애면 책임감이 약해져 '철없다'는 이야기를 들을 수 있으며, 웃는 것이 우는 것처럼 어색해 보일 수가 있습니다. 성형 후의 이런 모습들은 젊은 시절 잠깐 깜찍하게 보일지 모르지만 나이가 들어가면 중후한 모습이 아닌 천박하고 매우 급박한 모습으로 보일까 염려됩니다.

그러나 부득이하게 성형수술을 해야 할 경우도 있습니다. 심한 외모의 콤플렉스로 인하여 사회생활에 문제가 될 정도로 심각한 경우와 화상 등으로 외모에 자신감을 잃은 경우입니다. 따라서 성형수술로 외모에 자신감을 얻고 좋은 인상을 다른 사람에게 주게 된다면 좋은 일입니다. 또한 여러 사람을 만났을 때도 좋은 인상을 제공해 상대방까지 기분 좋게 만듭니다. 이처럼 부득이한 경우를 제외하곤 가능하면 얼굴에 칼을 대는 것은 좋지 않다는 것입니다. 단순히 미적 추구를 위하여 멀쩡한 얼굴에 칼을 대는 것은 좋지 않습니다. 우리는 몹시 견디기 어려울 정도로 신체에 고통이 밀려올 때 흔히 '뼈를 깎는 아픔이 있다'라고 말합니다. 뼈를 깎아서라도 사회의 규격품이 되어야 하는 우리의 현실이 어쩔 수 없는 사회현상으로 치부하기에는 서글프다는 생각이 듭니다.

필자는 관상 관련 강의를 수없이 하였지만, 수강생들로부터 매번 꼭 받는 질문이 있습니다. '성형수술을 하면 운명을 바꿀 수 있습니까?'라는 말입니다. 결론부터 말하자면 어느 정도 바꿀 수 있다는 것입니다. 부득이 수치로 환산하면 20% 정도 바꿀 수 있다고 생각합니다. 조상, 가족, 집안, 자연환경 등은 바꿀 수 없지만 이런 것을 모두 빼면 그래도 어느 정도 영향이 있습니다. 예를 들어 얼굴이 사납게 생겨 주위에 사람이 접근하기 꺼려하는 사람이 있습니다. 그래서 얼굴을 성형하여 부드럽게 만들었습니다. 그러면 주위 사람들이 나에게 마음의 문을 열 것이고, 따라서 자기 얼굴에 자신감이 생겨 결국 성공적인 삶을 살게 된다는 것입니다. 그러나 성형은 한계가 있습니다. 예를 들어 사과나무를 정지, 전정하여 나무의 모양(樹形)을 바꾸고 과일의 크기를 크게 할 수 있지만 결코 배나무로는 만들 수가 없습니다. 여기에 성형수술의 한계가 있습니다.

••• 메이크업을 잘해라! 관상이 바뀐다

중국 고전의 삼십육계 중 제 29계인 병전계(倂戰計)에 수상개화(樹上開化)란 전법이 있습니다. 나무 위에 거짓 꽃을 붙여서 상대방을 유인한 후 목적하는 것을 달성하는 것입니다. 화장을 하여 자신의 모습을 좋은 방향으로 변화시켜 상대방으로 하여금 내 가치를 높게 평가하게 하는 것은 좋은 일이다. 이렇게 나의 능력을 다양한 방법으로 상대방에게 과시하는 전술이 바로 수상개화이며 화장술입니다.

역사적으로 살펴보면 원래 남성이 여성보다 더 예뻤다는 사실을 알 수 있습니다. 음양오행에 따르면 남자는 양(陽)이고 여자는 음(陰)입니다. 양은 팽창하고 발산하는 기운이 강하고 음은 수축하고 수렴하는 기운이 강합니다. 지구 상의 모든 생물체는 수컷이 더 화려하고 아름답습니다. 닭, 꿩, 공작새 등을 보면 알 수 있습니다. 왜냐하면 수컷들이 아름다워야 암컷을 만나 짝짓기를 하고 종족을 보존하기 때문입니다.

암컷은 임신과 출산 양육을 담당하기 때문에 그렇게 멋들어지게 꾸밀 필요가 없습니다. 그러나 인간은 여성이 더 화려하게 꾸미고 화장을 합니다. 앞으로의 사회는 단순한 남성의 근력을 필요로 하지 않게 될 것입니다. 앞으로 우리 사회는 멀티태스킹(Multitasking) 능력이 뛰어난 여성이 주류로 등장하게 될 것입니다. 이런 연장 선상에서 여성은 결국 화장이란 도구를 이용해 원초적인 남자의 화려함을 극복하고자 하였습니다. 따라서 여성들이 화장할 때는 가능하면 관상학적인 관점에서 하는 것이 여러모로 좋습니다. 좋은 관상 메이크업을 통하여 부위별로 관리함으로써 운세를 달라지게 할 수 있기 때문입니다.

눈썹은 눈보다 길게 그려야

화장할 때 눈썹은 영롱한 눈을 보호하는 우산과 같은 것이므로 눈보다 길거나 같아야 합니다. 미간은 행운이 들어오는 통로이므로 엄지손가락 두 개 들어갈 정도로 시원스럽게 공간을 두고 눈썹을 그려야 합니다. 눈썹은 얼굴 전체 인상을 결정짓는 중요한 부위입니다. 눈썹은 일자형으로 눈길이보다 조금 길게 그리는 것이 좋으며 눈썹 끝이 처지지 않도록 하는 것이 좋습니다. 적당히 숱이 있고 고운 눈썹은 행운을 부릅니다. 그러나 숱이 많지 않을 경우는 화장 도구를 이용해 부족한 부분을 자연스럽게 메워주고, 눈썹이 너무 거칠다면 살짝 눌러주는 것이 좋습니다.

눈두덩은 시원스럽게 그려야

눈과 눈썹 사이 눈두덩은 포용력과 부동산의 소유 여부를 보는 곳입니다. 이곳은 될 수 있는 대로 넓고 높아 답답하지 않은 것이 좋습니다. 이곳에 따뜻한 색감의 섀도를 바르면 재물운을 상승시키는 효과가 있습니다. 반면 침침한 색이나 붉은 계통은 피하는 것이 좋습니다. 부드러운 컬러로 자연스럽게 표현하고 눈꼬리는 살짝 올려 주면 모든 일에 막힘이 없습니다. 애교살은 관상학에서도 사랑받는 눈매의 표현이므로, 도톰하게 표현해 주도록 합니다.

코는 너무 튀어나와 보이지 않도록

콧대가 날카롭게 높이 솟으면 이기적으로 보여 인간관계에 악영향을 미치게 됩니다. 복주머니에 돈이 가득 차 주머니가 축 늘어지듯 끝이 둥글고 살집이 많은 코를 '좋은 코'라고 말합니다. 따라서 코를 화장할 때는 콧대 부분 피부톤과 비슷한 색깔을 이용하는 것이 좋습니다. 코가 너무 돌출돼 보이지 않도록 부드럽고 자연스럽게 코끝을 마무리하는 것이 좋습니다.

입술은 입꼬리가 조금 올라가도록

입은 바닷물을 머금고 있는 곳입니다. 입꼬리가 올라가면 바닷물을 잘 가두듯이 행운이 머무르게 합니다. 입술은 윗입술과 아랫입술 윤곽이 뚜렷하고 도톰해야 좋습니다. 활의 시위를 당겼을 때처럼 양 입꼬리가 살짝 올라간 입술을 가장 좋은 입술로 봅니다. 입꼬리가 아래로 처진 입은 윗입술 끝부분은 약간 작게, 아랫입술 끝부분은 약간 크게 그리면 입꼬리가 위로 올라가 상냥하게 보입니다. 입술선이 선명하지 않다면 화장도구를 이용하여 또렷한 윤곽으로 표현해주어야 합니다.

이마에 흉터나 주름이 보이지 않게

넓고 평평하며 풍요로운 이마는 대인관계가 원만하고 합리적인 성격으로 행운이 찾아옵니다. 하지만 이마에 흉터와 주름이 많으면 행운이 반감되고 일에 구설이 많아질 수 있습니다. 따라서 일정한 연령대까지는 주름 없이 윤택한 이마가 될 수 있도록 관리해야 합니다. 윤택한 이마로 관리하기 위해서는 미간을 찡그리거나 눈꼬리를 올리는 등의 습관은 없애야 합니다. 이러한 습관은 주름을 쉽게 만들기 때문입니다. 또한 이마는 될 수 있으면 머리카락이 가리지 않도록 하며 워터스프레이 등으로 충분한 수분을 공급해서 피부의 탄력을 유지하는 게 좋습니다.

눈꼬리는 윤택하게 탄력을 유지해야

눈꼬리는 연인, 배우자 등 이성(異性)과 관련되는 부분입니다. 눈꼬리에 주름과 흉터와 점이 없고 살이 두둑하고 주황색이 나면서 윤택하면 좋은 사람과 사랑을 할 사람입니다. 반면 나이에 비해 눈꼬리에 주름이 많이 생기면 바람기가 있어 좋지 않습니다. 따라서 탄력 있고 윤택한 눈꼬리를 유지하기 위하여 자외선 차단제를 눈꼬리에 꼼꼼히 발라 주어야 합니다. 또한 항상 웃고 살면 눈꼬리에 살이 올라 도톰해지고 윤택해지면서 좋은 눈매로 바뀌게 됩니다. 이 밖에도 여러 얼굴 부위에 화장을 할 때는 될 수 있는 대로 관상학적 지식을 참고하여 화장하게 되면 미적 추구뿐만 아니라 행운까지 불러오게 됩니다.

••• 마음 화장을 잘하면 얼굴이 예뻐진다

중국 당나라 때 배도라는 사람이 있었는데 어느 날 유명한 관상가에게 자신의 관상이 어떠냐고 물었습니다. 배도의 얼굴을 살핀 관상가는 "당신의 관상은 빌어먹을 관상이요"라고 말했습니다. 배도는 몹시 실망했습니다. 그러나 배도는 나중에 빌어먹을 때를 대비해서 열심히 일하고 선행을 베풀었습니다. 몇 해가 지나서 배도는 우연히 빌어먹을 관상이었다고 말했던 관상가를 만나게 되었는데, 그는 배도의 얼굴을 보고 깜짝 놀라며 이렇게 말했습니다. "당신의 관상은 정승이 될 관상이요." 그후 배도는 각고의 노력 끝에 벼슬길에 올랐고 정승이 되었습니다. 결국 관상은 마음먹기에 따라 변한다는 이야기입니다. 마음이 바뀌면, 얼굴이 바뀝니다. 깡마르고 날카롭게 생긴 사람은 대개 성격이 예민하고 신경질적인 사람이 많습니다. 이런 사람들도 마음을 다스려 의도적으로 느긋하게 행동하고 생각한다면 머지않아 얼굴과 몸에 살이 붙어 부드러운 인상을 주게 됩니다.

『마의상법』에 '얼굴 좋음이 몸 좋음만 못하고, 몸 좋음이 마음 좋음만 못하다(相好不如身好 身好不如心好)'라는 말이 있습니다. 이렇듯 마음을 바꾸어 얼굴을 변하게 하는 관상학을 우리가 공부하는 이유도 주어진 운명을 개척하자는 것입니다. 얼굴은 가변성이 있습니다. 노력하는 사람은 얼굴이 좋게 변할 가능성이 있습니다. 좋은 생각을 하면서 살면 좋은 얼굴로 바뀌게 됩니다. 따라서 좋고 호감 가는 얼굴을 가지게 되면 자연스럽게 인간관계도 좋아지게 됩니다. 마음 화장을 잘하면 얼굴이 예뻐집니다. 얼굴을 세수하기보다 중요한 것은 마음을 세수하는 것입니다. 얼굴을 씻는다고 마음이 바뀌는 것이 아니라 마음을 정결히 해야 결국 얼굴이 바뀌게 되는 것입니다. 마음을 씻고 마음 화장을 해야 하는 이유가 바로 여기에 있습니다. 이렇듯 궁극적으로 가장 확실하게 운명을 바꾸는 방법은 자기 자신의 마음을 바꾸는 것입니다. 그러면 어느 순간 자기 자신도 모르게 싫증이 나지 않고, 자연스럽고 아름다운 얼굴로 관상이 변하여 나에게로 다가올 것입니다.

『주역』의 64괘 중 '택천괘'를 설명한 괘사를 보면 '착실'이라는 말이 나옵니다. 열매가 가지에 단단하게 달린 것을 착실(着實)이라 합니다. 가지에 견고하게 붙어 있는 착실한 열매는 영양분을 잘 섭취하여 과(果)가 됩니다. 과(果)가 된 열매는 감(敢)히 떨어질 수 있습니다. 즉 '과감(果敢)'하게 떨어질 수 있는 것입니다. 그러나 착실하지 못한 열매는 이듬해 새싹을 틔울 수가 없습니다. 그래서 과감하게 떨어지지 못하고 겨울에도 아등바등 그 가지 끝에 매달려 있는 것입니다. 우리 인간도 잘 산다는 것은 청년기, 중년기, 노년기의 과정을 다 제대로 잘 밟아가는 것입니다. 그래야 속이 알차고 튼실한 삶을 살 수 있습니다. 속성수(速成樹)의 문제점은 속이 강하지 못하다는 것입니다. 40대는 미모의 평준화가 이루어진다고 했습니다. 시간이 지나면 계곡은 높아지고 산은 낮아지게 됩니다. 이 세상만사 이런 일 저런 일 모두가 비슷해져 결국 목숨까지도 거의 평준화가 이루어지게 됩니다. 우리의 삶도 자연의 순환원리에 순응하면서 살아가는 것이 올바른 삶이라고 봅니다. 늙어지면 늙어지는 대로, 주름살이 있으면 있는 대로, 머리가 희어지면 희어진 대로 살아가면 되는 것입니다. 소녀가 바다를 좋아하면 꿈이 많은 것이지만, 아줌마가 바다를 좋아하면 인생이 파란만장하다고 했습니다.

제4부

내 관상은
좋은 관상인가

얼굴은 무엇입니까? 보이는 마음입니다.
몸 가는 데 마음 가고, 마음이 가는 데 몸이 갑니다.

얼굴로 말하라

유방과 항우가 군사를 일으키기 한참 전인 진나라 패현에 부유한 유력인사 여태공이라는 사람이 마을에 오자 큰 잔치를 벌였습니다. 이 잔치는 마을의 관리인인 소하라는 사람이 주관했습니다. 마을의 유력인사들은 많은 예물을 들고 여태공을 찾아 왔습니다. 그러나 술과 여색을 좋아하기로 유명한 유방만이 빈손으로 잔칫집에 찾아왔습니다. 이에 화가 난 소하가 유방을 허풍쟁이라고 여태공의 귀에 대고 소개를 했습니다. 그러나 관상을 볼 줄 아는 여태공은 이 허풍쟁이 건달의 풍채가 비범한 것을 알아보고 사위로 삼았습니다. 이렇게 해서 여태공의 딸이 유방의 부인이 되었으며, 후일 여황제 여태후가 됩니다.

보통의 사람들은 다가올 미래를 잘 알지 못합니다. 따라서 하루하루를 불안해 하며 여기저기 부딪히며 살아가게 됩니다. 이런 상황을 벗어나기 위해 옛날부터 앞일을 예측하는 방법을 찾게 되었는데 그것이 바로 역학(易學)이며 이 역학이 바로 관상학의 기초가 되었습니다.

복잡하게 얽힌 현대사회 속에서 누가 더 상대방의 성격을 잘 읽어내고 적절히 대응하느냐에 따라 냉엄한 약육강식의 사회에서의 생존 여부가 결정됩니다. 하지만 상대방의 마음을 읽기란 쉽지가 않습니다. '열 길 물속은 알아도 한 길 사람 속은 모른다'는 속담이 괜히 나왔겠습니까? 인간은 사람의 마음을 알기 위하여 사람의 얼굴을 연구하게 되었는데 그것이 바로 관상학(觀相學, Physiognomy)입니다.

관상학의 시발은 중국으로 봅니다. 남북조시대 남인도에서 달마라는 사람이 중국으로 들어와 『달마상법』을 후세에 전했다고 합니다. 그후 관상학은 약 2500년 전 중국의 노나라 문공 시대 천문학의 원조인 숙복(叔服)으로부터 관상학을 연구하여 이때부터 활기를 띠게 됐습니다. 여기에 공자가 위대한 성인이 될 것을 예언한 진나라의 고포자(姑布子), 기존의 골상(骨相)을 보는 법에서 발전하여 기색을 살피는 법을 창안한 위나라의 당거(唐擧)를 더해 관상학의 3대 큰스승으로 부릅니다. 송나라 초기에 마의라는 사람이 『마의상법』을 남겼는데, 관상학의 체계가 이때 비로소 확립되었다고 봅니다. 『마의상법』은 오늘날에도 관상학 연구의 텍스트북으로 꼽힐 정도로 널리 보급되어 있습니다. 중국 당나라 때는 '신언서판(身言書判)'이라 해서 풍채와 용모를 관리의 선발기준으로 삼았습니다.

관상학이 우리나라에 들어온 것은 7세기 초 신라 선덕여왕 때였으며 달마대사의 상법을 배워온 승려들로부터 시작된 것으로 추측합니다. 그리고 조선시대 들어 크게 발전하여 현재까지 영향을 미치고 있습니다.

관상학 하면 많은 사람들이 고리타분하게 여기고 혹자는 점치는 점술학이라고 말하는 사람들도 있습니다. 그러나 관상은 현실에 근거를 둔 통계학적 학문입니다. 접근방법도 과학적으로 접근하기 때문에 우리가 생각하는 점술(占術)과는 근본적으로 다릅니다. 만약 관상학이 어느 정도 충분한 '경험적 사실'과 '통계적 체계'를 구축하지 않았다면 수천 년을 거쳐 오늘날까지 내려오지 못했을 것입니다.

관상을 보는 궁극적인 목적은 크게 두 가지로 나눌 수 있습니다.

첫째는 운명을 미리 알아내어 사람들의 근심을 덜어주는 것입니다. 즉 추길피흉(趨吉避凶)이라고 해서 운명을 미리 알아내어 '나쁜 것은 피하고 좋은 것을 추구'하는 데 있습니다. 『수경집(水鏡集)』상설에서는 '예전의 현인들은 모든 사람들에게 방향을 잘 잡아 재앙을 피해 길한 곳으로 가게 하였다'라고 하였습니다. 소위 길흉(吉凶)을 미리 잘 판단하여 사람을 구제하고 만물을 이롭게 하는 방법으로 관상을 공부해야 한다고 하였습니다.

둘째로는 지인택술(知人擇術)이라고 해서 그 사람이 어떤 사람인지 잘 알아보고 기용해야 한다는 것입니다. 예전이나 지금이나 사람을 평가한다는 것은 무척이나 어렵고 중요한 일입니다. 유소(劉劭)의 『인물지(人物志)』에도 '무릇 성현이 아름답게 여기는 것 가운데 총명함보다 아름다운 것이 없으며, 총명함이 중요한 것은 인물을 잘 식별하여 기용하여 쓰는 데 있다'라고 하였습니다. 또한 '인물을 식별하는 일에 진실로 지혜롭다면 많은 인재들이 각자의 자질에 따라 자리를 얻게 되고 여러 업적들이 흥하게 될 것이다'라고 하였던 것입니다. 따라서 그 사람이 담아내는 그릇의 정도를 관상을 통해 파악하여 사람을 선발하고 교제하는 데 활용해야 한다고 했습니다. 관상을 볼 때 가장 먼저 해야 할 것은 얼굴을 세 개의 면적으로 나누어 보는 것입니다. 관상학적 용어로 상정(上停), 중정(中停), 하정 (下停) 세 부분으로 나누게 됩니다.

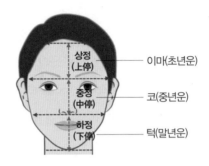

분류	부위	의미	자연
상정(上停)	양쪽 눈썹 위 이마(이마 부분)	'초년운'과 '부모운'	하늘(天)
중정(中停)	미간부터 코끝(코 주변)	'중년운'과 '자기 자신'	사람(人)
하정(下停)	코끝에서 턱 끝(인중, 입, 턱)	'말년운'과 '부하운'	땅(地)

◉ 삼정 중 한 부위만 특출하게 발달하면 조화와 균형이 깨어지기 때문에 좋은 관상이 아님[아무리 이목구비 가 뚜렷해도 삼정이 바르지 못하면 사상누각(砂上樓閣)이다]

상정(上停)에 속해 있는 이마 부분은 하늘이라 하여 나의 의지로 어떻게 선택할 수 있는 부분이 아닌 선천적인 부분

상정은 나의 의지와 상관없이 조상으로부터 내려온 것입니다. 또한 이마는 초년 운을 보는 자리로 선천적인 재능과 부모로부터의 혜택을 받아서 인생의 청사진을 만드는 곳입니다. 기업체로 말하면 아이디어를 내고 일을 계획하는 부분입니다.

중정(中停)에 속해 있는 중심 코부위는 하늘이라고 하는 이마와, 땅이라고 하는 턱의 중간에 서 있는 것으로 바로 인간 즉 '나'를 이야기

중정은 중년 운을 보는 자리로 선천적인 재능과 부모의 혜택을 활용해 자기 스스로 인생을 개척해 나가는 곳입니다. 기업체로 말하면 계획을 실행해서 결과물을 만들어 내는 곳입니다. 하정(下停)에 속해 있는 입과 다른 점은 정보를 받아들이는 공간이라는 것입니다. 즉 귀를 통하여 듣고, 눈을 통하여 보고, 코를 통하여 냄새를 맡는 공간입니다. 눈치, 코치처럼 혹은 귀로 듣는 정보처럼 뭔가 주변의 상황을 파악하는 힘과 연결되어 있습니다. 이 부분은 현재의 나의 삶을 살아가는 데 꼭 필요한 능력입니다.

하정(下停)에 속해 있는 입은 땅이라 하여 나의 의지로 선택할 수 있는 문제

하정은 말년운을 보는 자리입니다. 또한 하정에 포함되어 있는 입을 통하여 내가 어떤 말을 해야 할지, 어떤 음식을 먹어야 할지 등 그 모든 것을 내가 선택할 수 있는 부분입니다. 내가 무슨 말을 하고 내가 무엇을 먹느냐에 따라 나의 미래와 나의 노년운이 결정되게 됩니다. 즉 주변 사람들에게 좋은 말을 많이하고 좋은 음식을 가려먹는 것은 결국 나의 미래 나아가 나의 노년을 풍요롭게 하는 것입니다.

이처럼 얼굴을 세 개의 면적으로 나누어 초년, 중년, 말년 운을 보게 됩니다. 우리가 농사를 지을 때 여러 가지 조건이 부합되어야 비로소 오곡백과를 수확할 수 있습니다. 우리의 얼굴도 농사를 짓는 것과 유사합니다. 눈은 태양에 비유되므로 밝고 빛이 나야 광합성을 제대로 하는 것과 같습니다. 광합성 작용으로 식물의 잎에서 햇빛을 통해 녹말이 만들어지는데 이는 식물에 자라는 데 매우 중요한 역할을 합니다. 그리고 살은 흙에 비유됩니다. 흙은 두텁고 유기질이 많아야 건강한 땅입니다. 따라서 우리의 살도 맑고 깨끗하면서 윤택해야 합니다. 코는 농사지을 땅에 비유 됩니다. 코가 살집이 없고 날카로우면 마치 돌산의 밭에 비유하기도 합니다. 이런 밭은 비가 오면 흙과 씨앗이 쓸려나가 곡식을 수확하지 못해 곳간을 채우지 못합니다. 따라서 코는 두텁고 살집이 많아야 합니다.

우리 선조들은 산 좋고 물 좋은 곳을 가장 사람이 살기 좋은 곳으로 생각했습니다. 관상학에 오악사독(五嶽四瀆)이라는 말이 있습니다. 이 말은 다섯 가지 산의 봉우리와 네 가지 물줄기라는 뜻입니다. 다섯 가지 산의 봉우리는 이마와 양쪽 광대뼈, 코, 턱을 말하며 이 부분은 골고루 적당히 돌출되어 서로를 바라보면 좋습니다. 또한 네 가지 물줄기는 귀와 눈과 콧구멍, 입을 말하며 이 물줄기는 상호 조화를 이루어 막힘없이 흘러야 좋습니다.

'귓구멍'은 처음 물이 발원하는 샘물의 역할을 하게 됩니다. 귓구멍에서

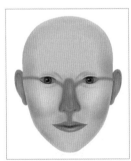

사독(四瀆) : 얼굴에 있는 네개의 물줄기

발원한 샘물은 흘러 흘러 실개천으로 모여듭니다. '눈'은 실개천입니다. 실개천은 샘물이 모여들어 형성된 물줄기입니다. 실개천은 가늘고 길게 이어지다 결국 강으로 유입하게 됩니다. '콧구멍'은 강의 역할을 합니다. 실개천에서 흘러든 물은 강물인 콧구멍을 통하여 마침내 바다인 '입'으로 모이게 됩니다. 이것은 4

개의 물줄기라 하여 막히거나 좁거나 끊기지 않아야 한다고 했습니다.

물의 최초 발원지인 샘물의 역할을 하는 귀는 마치 '제방 둑'처럼 윤곽이 뚜렷하여 귓바퀴가 두툼해야 합니다. 실개천의 역할을 하는 물길은 일반적으로 가늘고 길게 흘러가는 것이 좋습니다. 그래서 눈은 가늘고 길게 뻗은 눈이 좋습니다. 강의 수로는 비뚤어지거나 울퉁불퉁하면 물길이 자연스럽게 흘러가지 못하여 역류하게 됩니다. 따라서 코는 힘차게 쭉 뻗은 코가 좋습니다. 코 아래 입으로 이어지는 인중은 귀, 눈, 코의 물길이 최종적으로 입으로 이어지는 배수로의 역할을 하게 됩니다. 따라서 인중은 넓고 깊고 길어야 합니다. 만약 인중이 얇거나 없으면 물길이 넘쳐 홍수가 나게 됩니다. 최종적으로 모든 물이 모이는 입은 저수지이며 바다이니 크고 넉넉해야 합니다. 또한 입술은 바닷물 가두는 제방 둑이니 두텁고 단단해야 합니다. 이처럼 물줄기는 농사를 지을 때 가장 중요한 젖줄입니다. 강과 하천(江河)의 물길이 풍족해야 대지가 기름진 옥토가 되어 오곡백과가 풍성하게 열매를 맺을 수 있기 때문입니다. 만약 강과 하천의 물길이 풍부하지 못하면 대지가 메마르고 황폐하여 모든 생물과 초목이 궁핍함을 면치 못할 것입니다. 아무리 옥토라도 물이 없으면 황폐한 사막으로 변하게 됩니다. 이렇듯 곡식 한 톨의 생산도 대자연의 모든 조건이 맞을 때 비로소 우리에게 생명을 살찌워 주는 축복을 주는 것입니다. 모든 이치가 이렇듯 우리의 몸도 자연의 형상과 잘 맞으면 풍요로운 삶을 살 것이고 그렇지 못하면 힘들고 어렵게 이 세상을 살아가야 할지도 모릅니다.

02

누구나 쉽게
관상 보는 방법

모 회사에서 강의할 때 일입니다. 휴식시간에 커피 마시기를 매우 좋아
하는 어떤 사람과 커피를 마시면서 대화를 하고 있었습니다. 그 사람은
휴식시간 20분 동안 커피를 두 잔이나 마셨습니다. 대화 중에 그 사람은
필자에게 관상을 통하여 사람의 미래를 예측할 수 있느냐고 물어왔습니
다. 즉 사람의 운명(運命)을 미리 알 수 있느냐는 것이었습니다. 필자는
그 대답에 앞서 그 사람에게 반대로 이런 질문을 먼저 했습니다. "당신은
어제 커피를 마셨지요?"라고 질문을 했습니다. 독자 여러분은 이 사람이
어제 커피를 마셨다고 생각하세요? 아니면 안 마셨다고 생각하세요? 대
부분의 독자 여러분들은 이 사람이 어제 커피를 마셨다고 생각할 것입니
다. 보지도 않고 어제 커피를 마셨다는 사실을 어떻게 알았을까요? 이러
한 사실을 알아맞추는 것이 신기한 일일까요? 아니면 누구나 다 아는 사
실일까요? 이것은 누구나 다 아는 사실이지 신기한 일은 아닐 것입니다.
그럼 "당신은 내일도 커피를 마실 거야"라고 예언을 한다면 그 예언은 맞

을까요? 아니면 안 맞을까요? 사람의 지나간 과거의 일은 거의 맞출 수 있지만, 미래의 일은 100% 완벽하게 맞출 수가 없습니다. 다소 확률이 떨어지겠지만, 그 사람이 심적 변화를 일으켜 내일부터 커피를 며칠 끊을 수도 있고 아니면 영원히 끊을 수도 있습니다. 즉 마음을 어떻게 먹느냐에 따라 상황이 바뀌게 된다는 것입니다. 우리가 보는 관상도 이와 같습니다. 현재의 얼굴을 통하여 그 사람이 살아온 과거는 알 수가 있습니다. 그러나 그 사람의 미래는 어느 정도 알 수는 있지만 완벽하게 알 수가 없습니다. 왜냐하면 가변성(可變性)이 있기 때문입니다.

관상학은 원래『주역』에 그 모태(母胎)를 둡니다. 주역을 정치윤리에 적용하면 성리학(性理學)이 되고, 얼굴에 적용하면 관상학(觀相學)이 되고, 사람의 체질에 적용하면 사상의학(四象醫學)이 되고, 질병에 적용하면 한의학(韓醫學)이 됩니다. 따라서 관상학은 주역의 원리를 인간의 얼굴에 대입시킨 것이라고 말할 수 있습니다.

『주역』에서는 음양의 균형을 가장 중요시하고 있습니다. 따라서 관상을 볼 때도 음양이 균형을 잘 이루었는지 세밀히 살펴보아야 합니다. 얼굴에서 나올 곳은 나오고 들어갈 곳은 들어가야 합니다. 나와야 할 곳이 움푹 꺼져 들어가거나, 반대로 너무 불거져 나온 것은 좋지 않습니다. 또한 들어가야 할 곳이 불룩 나와 있거나, 반대로 너무 깊이 들어간 것도 좋지 않습니다. 이런 모든 것을 주역에서는 음양의 균형이 깨진 것이라고 말합니다. 관상서적인『신상전편(神相全篇)』에 오악(五嶽) 사독(四瀆)이라는 말이 나옵니다.

오악은 이마, 코, 턱, 그리고 양 관골을 말하며 돌출되어 있으니 양(陽)

이라고 합니다. 반대로 사독은 눈, 코, 귀, 입을 말하며 들어가 있으니 음(陰)이라고 합니다. 음양오행에서는 음양(陰陽)을 논할 때에 남성을 양(陽)이라 하고, 여성을 음(陰)으로 구분하기도 합니다. 따라서 여성은 음체(陰體)입니다. 여성이 너무 양(陽)적인 형태는 좋지 않습니다. 즉 오악(이마, 코, 턱, 관골)이 너무 웅장한 것은 여성에게는 불리한 형상인 것입니다. 반대로 남성은 양체(陽體)입니다. 따라서 너무 음(陰)적인 형태는 좋지 않습니다. 즉 사독(눈, 코, 귀, 입)이 너무 큰 것은 남성에게는 불리한 형상인 것입니다. 따라서 여성에게 너무 양적인 것과 남성에게 너무 음적인 것은 음양의 균형이 어긋난 것으로 보아 좋지 않습니다.

하늘은 소프트웨어, 땅은 하드웨어, 사람은 결과물입니다. 하늘에는 보이지 않는 수많은 전자파가 흐르듯이 우주에는 우리의 생명을 유지하는 기(氣)가 끊임없이 흐릅니다. 땅은 우리에게 유기물을 제공하여 인간의 몸을 형성하고 잉태시키는 곳입니다. 인간은 하늘과 땅이 화합하여 만든 산출물로, 생명체의 형태로서 이 우주에 등장하였습니다. 즉 인간은 하늘과 땅 사이에 존재하는 생명체로서 가교 역할을 하는 존재입니다. 따라서 우리 인간의 육체는 작은 소우주라고 말합니다.

머리는 하늘을 상징하므로 둥글어야 하며, 발은 땅을 상징하니 모나고 두터워야 합니다. 하늘에 해와 달이 있듯이 사람에게는 두 눈이 있습니다. 눈은 해와 달을 상징하니 밝고 빛나야 합니다. 하늘에 우레와 번개가 있듯이 사람에게는 음성(音聲)이 있습니다. 음성은 우레를 상징하니 울림이 있어야 합니다. 땅에는 산악이 있듯이 사람에게는 코와 이마와 턱과 광대뼈가 있습니다. 이는 산악을 상징하니 적당히 솟아야 합니다. 산림에 수

목이 있듯이 사람에게는 머리털, 눈썹, 수염 등 털이 있습니다. 털은 풀과 나무를 상징하니 청수해야 합니다. 이렇듯 관상학은 얼굴을 자연의 한 부분으로 이해하고 여기에 우주의 순환 원리를 접목시킨 것입니다.

즉 자연의 원리에 부합되면 좋은 얼굴이고 그렇지 못하면 좋지 못한 얼굴입니다. 가령 흙이 많은 토산과 흙이 없는 바위산 중 어느 산이 생명력이 더 왕성할까요? 바위산은 흙이 없어 나무가 잘 자라지 못합니다. 따라서 산새나 기타 동물들이 살지 못합니다. 이런 산은 항상 삭막하고 황량하여 생명력이 깃들지 못합니다. 우리 조상들은 이런 산에는 무덤조차 쓰지 않았습니다. 그러나 흙이 많은 산은 식물이 잘 자라 그 주위는 항상 생명력이 왕성하게 넘쳐나게 됩니다.

그럼 사람의 얼굴에도 이와 같은 원리를 접목하여 생각해 보면 어떨까요? 얼굴에 살이 어느 정도 있어 뼈를 감싸주면 흙이 많은 산과 같아 식물이 잘 자라고 생명력이 왕성한 것과 같습니다. 이런 사람의 성격은 포용력이 있어 주위에 사람들이 많이 머무르게 됩니다. 반대로 얼굴에 살이 없고 뼈만 울퉁불퉁 튀어나온 사람은 마치 흙이 없는 바위산과도 같아 황량한 것과 같습니다. 따라서 이런 사람은 대체로 성격도 모가 나고 깐깐한 성격으로 주위에 사람들이 머무르지 않습니다.

이렇듯 자연의 현상을 이해하고 그 자연의 현상을 인간의 얼굴에 대입시켜 생각해보면 그 사람이 담아내는 그릇의 크기와 성격을 알아내는 것이 가능하게 됩니다.

그럼 좀 더 구체적으로 관상을 보는 방법을 살펴보면 다음과 같습니다. 우선 걸음걸이를 통하여 그 사람의 담대함과 유약함을 살펴볼 수가 있습니다. 또한 눈을 통하여 정신이 안정되어 있는지를 살펴보아 전체적인 기세(氣勢)를 파악합니다. 그리고 편안하게 앉아 있도록 하여 자세의 안정됨을 살펴보고, 다과나 음식 등을 함께 하여 먹고 마시는 동작이나 자세를 살펴보아 신중함과 경솔함을 살펴봅니다. 가벼운 대화로써 음성을 들어 보고 얼굴의 기색을 살펴보아 건강한지 알아봅니다. 끝으로 오관(五官) 즉 다섯 가지 감각 기관인 눈, 귀, 코, 입, 눈썹을 살펴보아 부모형제, 상사, 부하, 친구 등의 인간관계와 그 사람의 성격과 적성 등을 파악합니다. 이렇게 종합적으로 관찰하고 판단한다면 사람을 보는 안목이 배가 될 것입니다.

이와 같이 관상을 보는 방법은 그 사람의 얼굴과 몸의 형태를 관찰(觀察)하고 판단하여 나름대로의 결론을 내는 것입니다. 한자의 의미상 '관(觀)'과 '찰(察)', 이 두 글자는 근본적인 차이가 있습니다. '관(觀)'은 피동적인 대상을 그냥 있는 그대로 보는 것이고, '찰(察)'은 그 대상이 움직여서 나오는 결과를 알아보는 것입니다. 따라서 관상을 볼 때는 그 사람의 얼굴이나 몸을 있는 그대로 보고, 그 다음 그 사람이 움직여 행동하는 모습을 잘 관찰해야 합니다.

『예기(禮記)』「옥조(玉藻)」편에 '구용(九容)'이라는 말이 나옵니다. 이 말은 사람이 움직여 행동할 때는 신중하게 행동해야 한다는 내용입니다. 율곡 이이(栗谷 李珥)선생은 이 구용을 "몸과 마음을 수양하는 데 가장 절실한 것이므로 이를 책상 모서리에 써서 붙여 놓고 항상 실천해야 한다"고 하였습니다. 구용(九容)의 내용을 정리하면 다음과 같습니다.

첫째, 두용직(頭容直)으로 머리는 바르게 가져야 한다고 했습니다. 머리를 흔들지 말고 바르게 하는 것을 말합니다.

둘째, 목용단(目容端)으로 눈은 바르게 가져야 한다고 했습니다. 눈매를 안정시켜 흘겨보거나 곁눈질하지 말아야 합니다.

셋째, 기용숙(氣容肅)으로 숨소리는 맑게 가져야 한다고 했습니다. 숨소리를 낮추며 숨을 고르게 하도록 해야 합니다.

넷째, 구용지(口容止)로 입은 다물고 있어야 한다고 했습니다. 음식을 먹거나 말할 때를 제외하고는 입을 다물고 있어야 합니다.

다섯째, 성용정(聲容靜)으로 목소리는 차분하게 해야 한다고 했습니다. 말을 할 때는 산만하게 하거나 들뜬 듯해서는 안 되며 차분하고 조용한 말소리를 내도록 해야 합니다.

여섯째, 색용장(色容莊)으로 얼굴색은 화사하게 가져야 한다고 했습니다. 얼굴색도 가지런히 하여 태만한 빛을 띠지 않아야 합니다.

일곱째, 수용공(手容恭)으로 손은 공손하게 해야 한다고 했습니다. 손을 사용할 때가 아니면 단정하게 손을 관리해야 합니다.

여덟째, 족용중(足容重)으로 발의 움직임은 신중하게 해야 한다고 했습니다. 발놀림을 가볍게 하지 않으며 경솔히 거동하지 말아야 합니다.

아홉째, 입용덕(立容德)으로 서 있는 모습은 온화해야 한다고 했습니다. 바른 자세로 서서 덕이 있는 모습을 지녀야 한다고 했습니다.

사람이 가지고 태어난 신체 각 부위를 살펴보고 그 신체부위를 어떻게 놀리는지를 잘 살펴보는 것이 관상의 묘미이기도 하며 진수(眞髓)이기도 합니다. 예나 지금이나 인간의 외모에서 얼굴의 생김새가 이미지를 좌우했으므로 단순히 얼굴을 보고 평가하는 것이 일반적이었습니다. 그러나 관상은 그 사람의 얼굴의 형태뿐만 아니라 기색과 언행을 병행하여 오랜 시간 관찰하여 결론을 내리는 것이 올바른 방법입니다. 걸음걸이, 목소리, 털의 모양, 피부색, 주름 등 무려 36가지를 종합하여 이를 가감승제(加減乘除)해 살펴보는 것이 바로 관상입니다.

이런 모든 것을 종합해보면 결국 사람의 얼굴을 살펴볼 때는 3가지 요소로 압축하여 보시면 됩니다. 첫째 어떻게 생겼는가, 즉 '생김새'를 봅니다. 그리고 두 번째는 얼굴색이 어떤지, 즉 '안색'을 보게 됩니다. 세 번째로 이목구비 등 얼굴의 각 부분이 조화와 균형이 되어 있는가, 즉 '짜임새'를 봅니다. 이 세 가지 조건이 충족되었을 때 우리는 비로소 좋은 관상이라고 말할 수 있습니다.

••• 나이별 관상 보는 방법

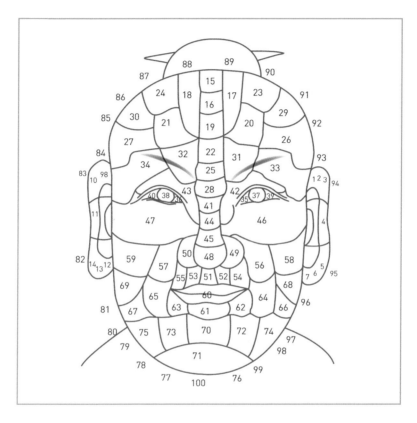

  20대 얼굴은 자연이 만들어 주고, 30대 얼굴은 삶이 만들고, 40대의 얼굴은 자기가 만든다고 했습니다. 얼굴은 사전적인 의미로 얼이 드나드는 굴이란 뜻입니다. 혼이 깃든 얼굴을 살펴보고 행동양식을 예측하는 관상학은 자연의 순환 이치를 인간의 얼굴에 대입시켜 파악한 원리라고 간단히 말할 수 있습니다. 또한 동양학적 관점에서 볼 때 얼굴의 '얼'은 정신, 영혼,

마음 즉 내면이고 '굴'은 뼈, 틀, 꼴, 형, 모양, 즉 골상(骨相)을 뜻합니다. 다시 말해 얼굴 자체가 정신과 육체의 만남인 것입니다. 그래서 우리 조상들은 예로부터 얼굴을 굉장히 중요하게 여겼습니다. 나이별로 관상을 볼 때 양쪽 눈썹 위 이마 부분을 상정(上停)이라 하여 초년 운을 보는 곳입니다. 미간부터 코끝(코 주변)까지를 '중정(中停)'이라 하여 중년 운을 봅니다. 코끝에서 턱 끝(인중, 입, 턱)까지를 하정(下停)이라 하여 말년 운을 봅니다. 삼정(三停)에서 정(停)자는 한문으로 '머무를 정'자를 씁니다. 머무를 정자를 쓰는 이유는 무엇일까요? 관상에서는 나이별로 그때의 운세를 봅니다. 그러므로 인생의 일정한 시기의 운이 머물다 간다는 의미입니다. 이처럼 삼정을 보아서 인생의 초년과 중년 그리고 말년의 운의 흐름이 좋을지 안 좋을지 판단할 수 있는 것입니다.

태어나서 7세까지의 운은 왼쪽 귀를 보고, 8세부터 14세까지의 운은 오른쪽 귀를 본다

귀는 유년기의 운세를 보는 부분입니다. 예를 들어 부모의 건강 여부와 어릴 때 가정의 경제력과 교육문제 등 전반적인 운세를 봅니다.

귀가 얇고 탁한 색을 보이면 유년기 가정환경이 좋지 않아 제대로 교육을 받지 못한 경우가 많습니다. 따라서 사회적으로 문제아(問題兒)로 성장할 가능성이 높습니다.

17세, 18세의 운은 이마 정중앙을 살펴본다

이마 정중앙은 높이 솟고 밝아야 하며 흉터가 없어야 합니다. 이마가

낮게 함몰되어 비뚤어 보이면 부모로부터의 혜택을 받지 못한 사람입니다. 또한 학문을 할 시기를 놓쳐 삶의 기반을 상실하여 매우 어렵게 살게 됩니다.

20세, 21세의 운은 좌우 양쪽 이마에 나타난다

양쪽 이마 뼈가 도톰하게 솟아올라 모양이 둥글고 엷은 황색으로 기색이 밝아야 합니다. 이마가 둥글고 색이 윤택하면 명예와 경제력을 모두 거머쥐게 됩니다. 반대로 이마가 한쪽이나 양쪽이 울퉁불퉁하고 함몰되어 있으면 하는 일이 뜻대로 이루어지지 않습니다.

28세의 운은 미간에 나타난다

양 눈썹 사이 중앙 미간은 행운이 들어오는 통로입니다. 미간은 둥글고 평평해야 하며 마치 거울과 같이 깨끗해야 합니다. 또한 복잡한 주름이나 나쁜 점이 없어야 합니다. 눈썹이 미간을 침범하면 행운이 달아납니다. 미간이 좋으면 공직(公職)에서 크게 성공하거나 승진하게 되며 주위의 사람들이 도와주는 등 행운이 뒤따릅니다. 또한 사업하는 사람은 경제적 부를 크게 이루게 됩니다. 만약에 미간이 움푹 파여 들어갔다면 매우 큰 경제적 손실을 보게 됩니다.

31세, 32세의 운은 두 눈썹을 본다

양 눈썹이 가늘고 길며 눈썹 머리와 꼬리가 풍만하고 윤택하면 좋은 눈썹입니다. 이런 사람은 직장에서 새 직위로 승진하여 이동하고, 상업에 종사하는 사람은 투자 및 창업 등으로 크게 성공하게 됩니다. 또한 어떤 일을 하든 다른 사람의 도움을 받아 일을 성공으로 이끌게 됩니다.

33세, 34세의 운은 양 눈썹 꼬리를 본다

양 눈썹 꼬리는 섬세하고 수려하며 눈보다 길거나 같아야 합니다. 눈썹 꼬리에 점이나 흉터가 없어야 좋습니다. 양 눈썹 꼬리가 맑고 윤택하면 어떤 일을 하든 순조롭고, 노력을 적게 해도 많은 성과를 올리게 됩니다.

37세, 38세의 운은 양쪽 눈을 본다

눈빛은 맑고 흐리지 않으며 눈동자가 바르게 자리 잡고 있어야 합니다. 눈빛을 통하여 감정의 기복이 표출되면 좋지 않습니다. 눈빛은 온화하고 노기(怒氣)를 띠지 말아야 합니다. 남자의 눈빛은 은은하게 빛나야 하며, 여성의 눈빛은 온화하게 빛나야 좋습니다. 또한 검은자위가 정중앙에 위치하여 위와 아래로 흰자위가 보이지 않아야 좋습니다.

39세, 40세의 운은 눈꼬리를 본다

눈은 가늘고 길며 눈꼬리는 늘어지지 않아야 합니다. 또한 눈꼬리 부위가 주황색이 나면서 맑으면 부부관계가 좋고 가정이 원만하여 어떤 일을 하든 순조롭게 일이 추진됩니다.

41세의 운은 미간 아래 콧부리를 본다

콧부리는 풍성하게 일어나 구분이 명확하고 윤택이 나며 단정해야 합니다. 콧부리가 낮아 끊어진 듯하고 세로로 주름이 생기면 하는 일이 잘 풀리지 못하고 꼬이기만 합니다. 콧부리가 좋으면 사업상 획기적인 발전이 있거나 새로운 사업에 성공하게 됩니다.

46세, 47세의 운은 광대뼈를 본다

광대뼈는 풍성하게 일어나 있고 살이 감싸 주어야 합니다. 광대뼈가 기울거나 깎인 듯하면 성격이 광폭(狂暴)하여 주위 사람에게 피해를 줍니다. 광대뼈가 좌우 모양이 각각 다르거나 비뚤어져 있으면 하는 일마다 어려움을 겪게 되고 경제적 손실은 물론 형벌(刑罰)을 받게 될 수 있습니다.

48세의 운은 코끝을 본다

코끝은 둥글고 늘어져 두툼하고 탱탱하여 마치 동물의 쓸개를 매달아 놓은 것과 같거나, 콧대가 대나무 통을 반쪽 쪼개어 놓은 듯 힘차게 뻗어 내려와야 합니다. 코끝이 뾰족하면 심성이 안 좋아 하는 일마다 실패하게 됩니다. 코끝이 노랗고 윤택하면 풍성한 물질적인 재산을 취득하여 경제적인 부(富)를 오래도록 누리게 됩니다.

49세, 50세의 운은 콧망울을 본다

코끝은 적당히 높고 둥글며 또한 콧망울이 두툼하고 풍성해야 합니다. 또한 좌우 콧망울의 크기가 일치하면 마음이 한결같아 여러 사람으로부터 신뢰를 받게 되어 결국 성공하게 됩니다. 또한 성기능이 좋아 재능 있고 총명한 후손을 둘 수 있습니다.

51세의 운은 인중을 본다

인중은 코 아래, 입 위에 있습니다. 인중의 골은 깊고 넓으며 시원스럽게 뻗어 있어야 합니다. 이런 인중을 가진 사람은 건강하게 장수하며, 자녀 또한 부모에게 효도하게 됩니다. 반면 인중의 골이 얕으면 후손이 없어 노년에 외로운 삶을 살게 됩니다.

55세의 운은 입가 팔자 주름을 본다

이 팔자 주름은 주름이 분명하고 아래로 흘러 마치 종과 같다면 좋습니다. 또한 팔자 주름이 입을 싸고 있고, 좌우 입술 위가 빛깔이 깨끗하여 눈썹까지 가지런하면 책임감이 강하고 어느 곳에서든 인정받는 사람이 됩니다.

60세의 운은 입을 본다

입은 벌렸을 때는 크고 닫았을 때는 작아야 합니다. 입술은 가지런하고 위아래가 틈이 없이 닫혀 있어야 합니다. 입 끝이 위로 향하면 좋고 입술 색깔은 선홍색이어야 좋습니다. 입이 틀어지고 입술이 단정하지 못하면 하루 벌어 하루 먹고사는 어려운 생활을 하게 됩니다.

61세의 운은 아랫입술 바로 밑을 본다

아랫입술 밑에 주름이 없고 살이 두툼하며 탄력이 있으면 하고 있는 사업이 성공하게 됩니다. 또한 자녀에게도 좋은 일이 생기게 됩니다. 그러나 이곳에 주름이나 상처 같은 흠집이 있고 색깔이 어두운 빛이 나면 재산상의 불이익과 건강상의 어려움을 겪게 됩니다.

62세의 운은 왼쪽 입술 끝에 해당되며, 63세의 운은 오른쪽 입술 끝에 해당된다

왼쪽과 오른쪽 입술 끝은 양쪽 턱을 말합니다. 양쪽 턱이 풍만하여 마치 U자형처럼 두둑하고 윤택해야 합니다. 특히 이중턱은 하는 일에 발전이 있고, 아랫사람이 잘 따라 일의 진척이 있습니다. 또한 노년의 삶이 편안해집니다.

64세, 65세의 운은 양 볼에 해당된다

볼이 오목하게 들어가 함몰되지 않고 점이나 주름이 없으며 색이 깨끗하고 탄력이 있어야 합니다. 더불어 입 끝이 위로 향하고, 혈색이 깨끗하면 좋은 관상입니다. 그러면 가족과 친인척이 성공하게 되며, 본인 또한 사업에 성공하거나 주위의 사람들로부터 인정받는 사람이 됩니다.

66세의 운은 왼쪽 옆 볼에 해당되며, 67세의 운은 오른쪽 옆 볼에 해당된다

양쪽 옆 볼에 흠집이 없고 살이 두둑하며 빛깔이 선명하면 좋습니다. 모든 일이 순조롭고 집안에 경사가 따르게 됩니다.

68세의 운은 왼쪽 귀밑에 해당되고, 69세의 운은 오른쪽 귀 밑에 해당된다

두 귀밑에 흉터가 없고 주름이나 사마귀가 없으며 살이 두둑하면 경제력과 건강이 좋아집니다.

70세부터 100세까지의 운을 "말년운"이라고 하며 이 말년운은 턱 전체를 본다

※ "말년운"에 대한 전반적인 내용은 뒷장을 참조해 주시기 바랍니다.

03

내 얼굴에 감춰진
말년운 훔쳐보기

••• 말년운은 턱을 본다

링컨이 대통령에 당선되기 전에 절친하게 지냈던 친구가 어떤 사람을 링컨에게 데려왔습니다. 그리고 그 사람을 추천하며 써달라고 부탁하였습니다. 그러자 링컨은 그 추천된 사람을 유심히 바라보더니, 그 자리에서 거절합니다. 친구가 그 이유를 묻자 링컨은 "사람은 나이 마흔이 되면 자기 얼굴에 책임을 져야 하네"라고 이야기 하였습니다.

나이가 들어가면서 자기 삶과 인품이 얼굴을 통하여 적나라하게 그대로 나타나게 됩니다. 관상학에서 이마는 하늘이요 턱은 땅이라고 하였습니다. 하늘은 높고 맑아야 하며, 땅은 넓고 기름져야 한다고 했습니다. 땅이 기름지고 넓어야 풍성한 곡식이 생산되어 많은 사람이 모여 살 수 있습니다. 턱이 뾰족하면 마치 흙이 없는 바위산과도 같습니다. 따라서 농사지을 땅이 없고 곡식을 생산하지 못해 많은 사람이 모여 살 수가 없습니다.

관상학에서는 턱을 통하여 말년운을 봅니다. 기업체로 말하면 연말 결산을 해서 금고에 저축하는 것과 같으며, 농사로 말하면 가을에 곡식을 수확하여 창고에 저장하는 것과 같은 이치입니다. 즉 한평생 살아온 인생의 결말을 맺는 곳입니다. 턱이 약하면 60대 이후 삶이 외로워집니다. 특히 70대부터 시작되는 노년의 삶의 질이 팍팍하고 피곤해지게 됩니다.

'이마가 잘 생기면 이 세상을 귀하게 살고, 턱이 잘 생기면 오래 장수하고 부자로 산다'라는 말이 있습니다. 밝고 넓은 이마는 지위나 명예를 누리고, 넓고 둥근 턱은 좋은 말년 운과 경제적 풍요를 누리게 됩니다. 즉 관직에서 높은 지위에 있는 사람은 이마와 눈이 빼어나고, 말년 운이 좋고 돈이 많은 사람은 턱을 보면 알 수 있다는 뜻입니다. 턱은 풍성해야 물질적인 풍요와 노년의 삶이 행복해질 수 있습니다.

좋은 턱의 조건은 길이, 넓이, 두께, 무게를 골고루 갖추고 있어야 합니다. 턱의 길이는 인중의 두 배 정도가 적당합니다. 턱의 두께는 살이 많으면서 탄력이 있어야 좋고, 턱은 주위가 둥글어 마치 U자형처럼 풍만하고 여유 있게 보이는 턱이 좋은 턱입니다. 또한 턱은 집터와 같습니다. 턱은 좌우 아래가 넓고 크고 두껍고 단단해야 합니다. 이런 턱은 노년에 풍요로운 삶을 영위할 수 있고 아랫사람들이 잘 따르게 됩니다.

사람은 일생 동안 수많은 인간관계 속에서 남을 돕기도 하고 때로는 도움을 받으며 살아가는 사회적 동물입니다. 그중에서도 사람과의 관계는 매우 중요합니다. 같이 일하는 동료나 부하로 인하여 크게 성공하기도 하고 반대로 망신당하거나 큰 실패를 맛보기도 합니다. 턱은 관상학적 용어로 노복궁(奴僕宮)이라고 하여 주위의 사람들이 나를 얼마나 믿고, 따르고, 도와주느냐를 보는 부분입니다. 따라서 턱이 넓고 크면 내가 부릴 수 있고 나를 따르는 사람이 많다는 것입니다. 턱이 좁고, 작으며, 약하면 내가 부릴 수 있고 나를 따르는 사람이 없어 어떤 일이든 나 혼자 해야 한다는 것입니다. 또한 뺨 아래가 움푹 파였거나 뾰족하면 경제적 어려움을 겪으며 주위의 사람들이 나로부터 멀어져 외로워지게 됩니다. 턱 부위에 골격과 살집이 약하고 흉터나 점이 있으면 아랫사람들로부터 신망을 받지 못하고 지지층이 얇아서 고생하게 됩니다. 최악의 경우는 자기가 도와준 사람에게 오히려 배신을 당하게 됩니다.

앞 장에서 언급하였듯이 이마가 다소 어둡고 좁고 탁한 색이 나더라도 코와 광대뼈, 그리고 턱이 둥글게 잘 발달되어 있다면 유년기의 생활은 비록 어렵게 보냈더라도 중년기 이후의 삶은 좋아집니다. 반대로 이마가 훤한 색을 나타내고 잘 발달하였어도 코와 턱이 뾰족하고 살이 없다면 설사 유년기의 생활은 비록 풍족하고 부유하게 보냈더라도 중년기 이후의 삶은 어려워지게 됩니다.

『마의상법(麻衣相法)』에서는 "이마는 남편이고 턱은 부인이다"라고 했습니다. 턱과 이마는 어느 정도 튀어나와 서로를 바라보면 부부간의 애정이 풍부하여 남편과 부인은 서로 헌신적 사랑을 하게 됩니다. 반대로 턱과 이마가 서로 배반하듯 각자 뒤로 넘어져 서로 보이지 않으면 남편과 부인의 애정이 부족하여 고독한 노년을 보내게 됩니다.

턱은 성격적으로 의지와 지구력을 나타냅니다. 턱이 크고 넓을수록 믿음성이 있고 나를 밀어주는 사람이 있어서 마무리를 좋게 할 수 있습니다.

턱이 약한 사람이 철없이 행동하는 것을 보고 '턱없이 까분다'라고 이야기합니다. 이런 사람은 의지가 약하고 자기감정에 휘말리기 쉬워 큰일을 하지 못하게 됩니다.

어린아이는 부모에게 의지해 살아야 되기 때문에 보통 턱이 짧습니다. 부모의 품을 벗어나기 시작하는 청소년기를 지나면서 턱은 발달하기 시작합니다. 턱은 나의 인생을 떠받쳐주는 역할을 하는 곳입니다. 요즘 턱을 깎는 성형수술이 유행하고 있습니다. 턱을 성형수술해 갸름하게 보이면 여성스럽게 보일지 몰라도 중년 이후부터는 자신이 원했던 얼굴이 아닌 초라하고 천박한 얼굴이 되기 쉽습니다. 또한 턱이 약하면 말년운과 부부관계가 나빠지고 일에 대한 추진력과 지구력이 떨어지게 됩니다. 요즘은 여성도 사회생활을 해야 하는데 이런 추진력과 지구력이 떨어지면 사회생활을 하는 데 굉장히 불리하게 됩니다.

법정 스님은 "사람은 자신의 꿈과 이상을 저버릴 때 늙는다"고 했습니다. 세월은 우리 얼굴에 주름을 남기지만 우리가 일에 대한 흥미를 잃을 때는 영혼이 주름지게 됩니다. 모든 일을 담담히 받아들이고 남에게 양보할 수 있는 너그러운 마음을 가질 때 비로소 노년의 진정한 아름다움이 생겨난다고 생각합니다. 공자(孔子)는『논어』「위정」편에 나이 50세를 지천명(知天命)이라고도 했습니다. 50세가 되면 비로소 하늘의 뜻을 안다는 뜻입니다. 즉 인간은 50세가 되어서야 비로소 인생이 무엇인가를 알며 생의 가치를 느끼게 된다는 것입니다. 그러므로 인생의 가치를 절실하게 느꼈을 때 맞이하는 노년의 삶은 참으로 고귀하고 값진 것이라고 생각합니다.

04

얼굴을 보면
건강이 보인다

••• 안색(顔色)은 그날의 날씨다

우리는 오랜만에 사람을 만나면 인사를 나누며 상대방의 얼굴을 보고 안부를 묻게 됩니다. 흥미로운 것은 그날 날씨를 보듯 그 사람의 안색(顔色)부터 확인하게 된다는 것입니다. 왜냐하면 그 사람의 기분이나 건강상태를 얼굴빛을 통하여 파악할 수 있기 때문입니다. 건강한 사람을 보면 '얼굴이 훤합니다'라고 이야기하고, 반면에 수심이 가득한 사람을 보면 '얼굴이 어둡다'라고 표현하기도 합니다. 우리는 컨디션이 좋지 않거나 몸이 아플 때 보통 '기색이 좋지 않다' 라고 말하곤 합니다. 기(氣)는 피부 안에 머무르는 것을 말하며, 피부 밖에 표출된 색을 색(色)이라고 합니다. 기색의 근본으로 혈(血)이 좋아야 기색이 빛을 발합니다. 혈은 은은하게 피부 안쪽에서 밖으로 선홍색을 띠면서 퍼져 나와야 합니다. 피부 안쪽에 혈색이 검고 어두운 것은 기(氣)가 체한 것이고, 피부 바깥에서 흑적색이 나타나면 혈이 체하여 탁한 것이라고 하여 건강에 좋지 않다고 했습니다. 또한 어두운 것 같으나 어둡지 않고, 밝은 것 같은데 밝지 않은 것을 혈이 체했다고 이야기합니다. 우리가 음식을 먹은 후 체하면 소화가 잘되지 않고 음식이 목에 걸린 듯하거나 명치 부위가 결리고 답답합니다. 또한 이마에 식은 땀이 흐르거나 손발이 차가워지고 기운이 없어져 어떤 일도 할 수 없게 되는 것과 같습니다.

인간이 태어날 때 가지고 태어난 그 사람의 모양은 선천적이지만, 그 사람의 얼굴색 등 기색(氣色)은 후천적입니다. 얼굴색의 변화는 날씨의 변화와 같이 변화무쌍합니다. 아침에는 화창하지만, 오후에 갑자기 비가 오기도 합니다. 하루 종일 맑은 날씨도 있지만, 종일 흐린 날씨도 있습니다. 나무의 모양이 완전하고 반듯해도 그 잎의 색이 누렇거나 변색되어 있다면 일조량이 부족해 나무가 성장을 멈춘 것입니다. 이렇듯 날씨가 좋으면 나무가 잘 크고 날씨가 좋지 않으면 잘 크지 못하듯 매일 매일 변하는 인간의 얼굴 혈색을 통하여 그 사람의 건강상태를 예측할 수 있습니다.

또한 그 사람의 시운(時運)을 살펴보려면 중대사(重大事)가 있기 3일 내지 4일 전에 골격과 안색을 자세히 살펴봐야 합니다. 왜냐하면 그 사람이 내뿜는 시기(時氣)를 관찰해야 하기 때문입니다. 얼굴 혈색 즉 기색을 관찰하는 시간도 대단히 중요합니다. 기색을 정확하게 보고자 한다면 아침에 잠에서 깨어난 후 과도한 동작이나 움직임이 없이 있는 그대로 얼굴색을 보아야 합니다. 즉 아침 식사하기 전 용변을 보지 않은 상태에서 기색을 관찰하는 것이 가장 정확합니다.

한의학에는 망문문절법(望聞問切法)이라는 게 있습니다. 병을 진찰할 때

첫째, 눈으로 얼굴을 관찰하고, 둘째, 목소리를 들어보고, 셋째, 물어보고, 넷째, 맥을 보거나 만져본다는 뜻입니다. 동양에서는 형(形), 상(相), 색(色), 즉 몸의 형태와 얼굴 모습, 그리고 안색에 따라 환자의 건강상태를 진단하거나 약을 처방해야 한다고 했습니다. 서양에서는 고대 히포크라테스가 얼굴색을 보고 환자의 병증진단에 활용했다는 기록도 있습니다. 관상학에서는 관형찰색(觀形察色)이라고 표현을 하는데 우선 형태를 관찰하고 드러나는 기색을 살펴보아 그 사람의 건강상태에 대하여 결론을 내리게 됩니다.

얼굴 전부 또는 일부에 푸른 청색이 나타나면 우색(憂色)이라 하여 근심이 있어 괴로운 상태

사람이 근심을 많이 하면 얼굴에 푸른색이 나타나는데 이 기간이 오래 가면 건강을 해치게 됩니다. 이럴 땐 스트레스를 받거나 피로에 노출되지 않도록 신경 써야 합니다. 또한 간(肝)에 문제가 있을 경우 얼굴이 푸른빛이 나며 이로 인해 눈에 문제가 올 수 있으니 조심해야 합니다. 특히 술을 많이 마시는 사람은 얼굴색이 푸르게 나타날 수 있으니 음주를 삼가는 게 좋습니다. 또한 간에 좋은 음식인 당근과 파슬리, 땅콩 등을 섭취하여 간 기능을 강화해야 합니다.

얼굴에 붉은 적색이 나타나면 노색(怒色)이라 하여 분노로 인하여 정서가 불안정한 상태

우리는 화가 나 정서가 불안하면 '열 받는다'라고 말합니다. 이 말은 심장에 열을 받게 된다는 말입니다. 화가 나서 심장에 열을 받으면 건강에 심각한 영향을 미치게 되니 조심해야 합니다. 심장이 안 좋은 사람은 가벼운 운동만으로도 얼굴색이 금방 붉어지기도 합니다. 따라서 무리한 운동은 피하는 것이 좋습니다. 심장과 혈관에 좋은 음식으로는 살구, 치자, 붉은 팥 등이 있으니 이를 섭취하여 심장과 혈관질환을 예방해야 합니다. 이마에 붉은 색이 나타나면 직장과 부모님에게 좋지 않은 일이 생기게 됩니다. 또한 미간에 붉은 적색이 생기면 행운의 기회를 상실하는 등 좋지 않은 일이 일어나게 됩니다.

얼굴빛이 누런 사람은 소화기관이 약하여 음식을 소화하는 데 문제가 발생

얼굴이 누런빛이 나는 사람은 빈혈이 있거나 소화기관에 문제가 있는 사람입니다. 얼굴빛이 누렇고 들뜬 듯하면 무기력해집니다. 따라서 얼굴색이 누런빛이 돌면 배불리 먹지 말고 조금은 배가 고픈 듯이 먹어야 합니다. 입맛이 좋아도 트림을 자주 하고 배가 더부룩하면 비장에 병이 있는 것이니 즉시 치료를 해야 합니다. 소화가 안 될 때에는 단맛이 나는 양배추나 양파, 호박, 순무, 우엉 등을 섭취하여 소화기능을 돕고, 소금의 섭취를 줄여 소화기계통의 질환을 예방하여야 합니다.

얼굴에 하얀 백색이 나타나면 애색(哀色)이라 하여 슬픈 일이 일어난 상태

큰 슬픔으로 정신적인 충격을 받게 되면 얼굴이 하얀 백지장(白紙張)처럼 됩니다. 얼굴에 백색이 돌면 혈액순환이 안 되어 의욕을 잃은 상태입니다. 또한 폐를 비롯한 호흡기 계통이 안 좋은 경우가 많습니다. 천식이나 폐렴환자들이 얼굴에 핏기가 없고 창백한 것도 이러한 이유 때문입니다.

따라서 이런 사람들은 도라지나 살구씨, 오미자 등의 음식을 섭취하여 폐나 호흡기 계통의 질환을 예방해야 합니다.

남자든 여자든 얼굴이 밀가루처럼 하얀 사람은 우주의 기운을 받지 못한 식물과 같아서 그 기능을 제대로 발휘할 수가 없는 상태입니다. 한여름에 태양을 듬뿍 받은 근육질의 남녀가 건강한 것처럼 우리 몸도 우주의 기운을 듬뿍받아 선홍색의 혈색이 얼굴에 돌아야 합니다.

얼굴에 검은 흑색(死色)이 나타나면 심각한 건강상의 문제로 목숨이 위태로운 상태

저승에서 염라대왕의 명을 받고 죽은 사람의 넋을 데리러 온다는 심부름꾼 저승사자의 옷은 검은색입니다. 주역의 오행에서 검은색은 죽음과 관련됩니다. 따라서 얼굴 부위 중 입꼬리와 구레나룻이 시작되는 귓구멍 앞부분에 바둑돌 모양이나 귀뚜라미 다리 모양으로 검은색이 침범하면 죽음을 준비해야 한다고 했습니다.

신장이 좋지 않을 때는 보통 얼굴색이 거무스름한 흑색이 나타납니다. 이것은 신장 이상으로 인해 몸 밖으로 노폐물이 제대로 걸러지지 않기 때문입니다. 따라서 신장의 기능을 활성화시키기 위해서는 복분자나 검은콩 등의 음식을 섭취해야 합니다.

좋은 혈색은 오장육부를 비롯한 우리 몸의 각 부분이 건강하게 막힘없이 혈액이 잘 돌 때 우리 눈에 보여지는 것입니다. 오장육부를 비롯한 우리 몸의 각 부분의 상태가 안 좋아지면 자연히 혈색이 윤기가 없어지고 검게 변하게 됩니다. 심각한 정신적인 충격이나 중병을 앓는 환자 중에 얼굴에 검은 흑색이 나타나는 경우가 있는데, 이 때는 중병(重病)으로 생명이 위태로운 상태이니 특별히 건강에 주의를 기울여야 합니다.

••• 문전옥답도 해가 비치지 않으면 무용지물이다

소우주를 닮은 우리의 신체장기 중 이목구비는 오장(五臟)과 통하는 구멍이기도 합니다. 오장의 기운은 이목구비(耳目口鼻)를 통하여 들고 나감을 반복합니다. 오장육부가 터져 꽃을 피운 곳이 바로 얼굴입니다. 따라서 오장육부가 건강하지 못하면 마음의 화평 또한 기대할 수가 없습니다.

좋은 관상이란, 전체적인 조화와 함께 혈색의 건강함을 최우선으로 봅니다. 아무리 비옥한 문전옥답도 해가 나지 않으면 곡식 한 톨 수확할 수 없습니다. 혈색이 칙칙하면 해당 부위의 관상이 아무리 좋다고 해도 소용이 없는 것과 같습니다.

이마 정중앙에 적색이나 흑색이 나타나면 직장에서 만들어 놓은 위치가 흔들리게 됩니다. 이마 양쪽에 적색이나 흑색이 돌면 부모가 병환이나 경제적인 문제로 어려움을 겪게 됩니다. 미간에 푸른색이 나타나면 중요한 행운의 기회가 스쳐 지나가게 됩니다. 눈썹과 눈 사이 눈두덩에 흑색이 나타나면 부동산으로 인한 경제적 손실이 발생하게 됩니다. 눈두덩이 전체에 적색이나 흑색이 나타나면 재산상속 등의 문제로 다툼이 발생하게 됩니다. 눈썹에 적색이 나타나면 형제나 자매로 인하여 문제가 생기게 됩니다. 애교살에 적색이나 백색이 나타나면 자녀 문제로 어려움을 겪게 되며, 출산 시 난산이 우려되기도 합니다.

눈꼬리에 썩은 진흙이 쌓이듯 검고 탁한 색이 나면 정력에 문제가 생기게 됩니다. 따라서 부부관계가 원만치 못하여 자녀를 두지 못하거나 이혼하여 괴로운 삶을 살기도 합니다. 코에 흑색이 나타나면 위장병으로 고생하며, 특히 빨간 반점이 있으면 변비로 고생하게 됩니다. 콧방울에 흑색이 나타나면 생식기에 이상이 생길수 있으며, 또한 경제적인 어려움이 시작되니 금전 거래에 각별히 주의를 기울여야 합니다.

눈꼬리 상단에 적색이나 흑색이 나타나면 먼 거리 이동 중에 문제가 발생할 수 있으니 일정을 취소하거나 기일을 잠정적으로 연기하는 게 좋습니다. 양 눈썹 정중앙 상단 부분에 흑색이 나타나면 금전 관계가 복잡해지니 금전거래를 보다 신중히 하여야 합니다. 광대뼈에 흑색이나 푸른색이 나타나면 갑작스러운 변고로 어려움을 겪을 수 있으니 조심해야 합니다.

아랫입술 정중앙 아랫부분에 검은색이 나타나면 물로 인한 변고를 조심해야 합니다. 턱 양쪽 부분에 흑색과 푸른 청색이 나타나면 주위 사람으로부터 배신을 당하여 정신적·금전적 손해를 볼 수 있으니 신중하게 대처할 필요가 있습니다.

아침에 일어났을 때 눈썹이 가지런하지 않고 헝클어져 있다면 가족 간의 불화에 대비하여야 합니다. 이처럼 얼굴의 전부 또는 일부분에 갑자기 비정상적인 색이 나타나면 그 색이 해소될 때까지 잠시 그 일을 멈추거나 연기하여 일을 처리하는 것이 좋습니다.

제5부

생긴 대로
놀지 마라

인상을 쓰면 인생이 쓰고,
인상을 펴면 인생이 펴진다.

01

내 관상을 바꿀 수 있는
일곱 가지 핵심 키워드

    필자가 모 기업체의 요청으로 면접을 보러 다닐 때의 일입니다. 한 회사에서 여직원을 채용하는데 무려 80대 1이 넘는 아주 치열한 경쟁이었습니다. 아침부터 저녁까지 무려 7시간을 꼬박 면접을 보았는데 외모는 다소 차이가 있었지만, 자기소개와 기타 내용은 대동소이했습니다. 그런데 오후 면접을 볼 때 일이었습니다. 다소 외모가 떨어지는 어떤 여성 면접자가 들어와 이렇게 자기소개를 했습니다. "저는 외모가 다른 면접자들 보다 떨어진다는 것을 잘 알고 있습니다. 그러나 저는 잘 웃고 손님을 상냥하게 잘 대할 수 있습니다"라고 말하면서 입꼬리를 올려 활짝 웃어 보였습니다. 이 여성 면접자는 자기의 외모가 다른 면접자보다 다소 떨어진다는 것을 알고 미리 대응한 것입니다. 즉 자기의 단점을 장점으로 역이용한 것입니다. 물론 이 여성 면접자는 면접에서 당당히 합격하였습니다.

    나의 관상은 지금 나의 마음가짐과 주변의 환경에 따라 수시로 변합니다. 관상을 쉽게 바꾸고 싶다면 그만큼 마음을 바르게 고치는 것이 우선입니다. 가정환경과 친구관계는 나의 운명과 관상에 굉장히 큰 영향을 미칩니다. 그러나 이러한 것들에 대한 관계설정은 바로 자기 자신에게 달려 있습니다. 관상학자들이 말하는 나쁜 운을 좋은 운으로 바꾸는 개운(開運)의 방법은 의외로 간단합니다. 항상 편안한 마음으로 사물을 긍정적으로 바라보고 생각하라는 것입니다. 수도하는 종교인들처럼 어떤 특정한 공간에서 오랫동안 수련할 필요까지는 없습니다. 그저 보던 책을 덮고 눈을 감은 후 조용히 자신이 원하는 상황을 마음껏 펼쳐내기만 하면 되는 것입니다. 그렇게 하루 이틀 정진(精進)하다 보면 자신도 모르게 나의 관상도 바뀌게 되고 결국 운명까지도 바뀌게 되는 것입니다.

노자(老子)는 '화(禍)와 복(福)은 문이 따로 없으며, 오직 사람이 스스로 불러들인다(禍福無門唯人自招)'라고 했습니다. 자신의 얼굴과 운명은 스스로 만들어 나가는 것입니다. 좋은 얼굴이란 남들이 보았을 때 평온하고 미소를 머금은 듯 부드러운 얼굴입니다. 그러면 나의 관상을 좋은 관상으로 바꿀 수 있는 7가지 관상의 핵심키워드를 이 책자에서 뽑아내어 소개하도록 하겠습니다.

❶ 미간을 펴라! 행운이 들어온다

관상학에서 미간은 행운이 들어오는 통로라고 했습니다. 따라서 미간은 항상 펴져 있어야 합니다. 만약 미간을 찡그리면 대문을 잠그는 것과 같아 행운이 들어오지를 못합니다. 미간에 주름이 있다면 아침에 일어나서 엄지손가락으로 미간을 문질러 펴주어야 합니다. 그러면 뭉쳐진 근육이 풀리면서 어느 순간 미간이 환하게 펴지게 됩니다. 또한 근본적으로 미간을 펴는 가장 좋은 방법은 웃는 것입니다. 긍정적인 생각과 좋은 행동을 하면 자연히 미간이 펴집니다. 사소한 일이라도 즐거움을 부여하여 웃으세요. 그러면 미간은 자연스럽게 펴지게 됩니다.

❷ 입꼬리를 올려라! 행운이 머물게 된다

입은 모든 물길이 모이는 바다이고, 입술은 바닷물을 가두는 제방 둑이라고 했습니다. 이런 제방 둑은 물보다 높이가 높아야 합니다. 입꼬리가 위로 향하면 마치 제방 둑이 물보다 높아 물이 넘쳐나지 않는 것과 같습니다. 반면 입꼬리가 처지면 제방 둑이 터져 물이 넘쳐흐르는 것과 같습니다. 평소 좋은 생각을 하고, 자주 웃으면 볼 근육이 발달해 양쪽 입꼬리가 위로 올라가게 되어 있습니다. 반면 부정적인 생각과 우울한 마음을 가지면 볼 근육 대신 이마와 미간에 부정적인 근육이 발달하게 됩니다. 따라서 입꼬리가 처지고 이마와 미간에 주름이 생겨 부정적인 사람이 되게 됩니다. 입꼬리를 올리면 행운을 머금고 있어 행운이 빠져나가지 못하게 됩니다. 항상 웃으세요. 그러면 행운이 머무릅니다.

❸ 사람을 부드럽게 바라봐라! 많은 사람이 당신을 따른다

사람을 바라볼 때 편안히 상대방을 바라보아야 합니다. 눈동자를 가만히 두지 않고 좌우로 돌리면서 상대방을 보는 사람은 비열한 사람입니다. 사람을 볼 때 눈동자를 움직이지 않고 편히 사람을 바라보는 사람은 품격이 높은 사람입니다. 편안하게 상대방을 바라보는 사람은 포용력이 있고 배려심이 있어 많은 사람이 당신을 믿고 따르게 됩니다. 또한 이런 사람은 하는 일마다 모든 사람이 도와주어 결국 성공하는 삶을 사는 사람이 됩니다.

❹ 걸음걸이는 장중하게 하라! 크게 성공한다

관상학에서는 빠르고 가벼운 것은 꺼립니다. 몸을 움직여 행동할 때는 웅장하며 위엄 있게 해야 합니다. 특히 걸을 때는 머리, 엉덩이, 배, 다리 등을 흔들며 걷지 말아야 합니다. 또한 등짐을 진 것처럼 구부리고 걷는 사람은 걸음걸이를 즉시 고쳐야 합니다. 이런 사람은 매사 자신감이 모자라 성공하지 못하게 됩니다. 어깨로 걸으면서 팔까지 흔드는 사람은 자신에게 도전하는 자는 절대 용서하지 않고 제거해 버리는 무서운 사람입니다. 그러나 이런 사람은 많은 적이 주위에 있어 어렵고 힘든 삶을 살게 됩니다. 턱을 치켜들고 걷는 사람은 허영이 있어 현실적이지 못하고 거만하여 다른 사람들로부터 배척을 당하게 됩니다. 걸을 때는 단전에 힘을 주고 발을 가볍게 떼어서 마치 큰 배가 움직일 때 요동 없이 떠나는 듯한 느낌을 주어야 합니다. 가슴을 쫙 펴고 걸으세요. 그러면 인생도 펴집니다.

❺ 감정을 컨트롤하여 목소리를 부드럽게 하라! 내공이 상당한 사람이다

끓는 물은 사물의 모양을 제대로 비추지 못합니다. 잔잔해야 사물의 모습을 있는 그대로 비출 수 있습니다. 화가 났을 때도 절대 음성을 높이지 않고 평상심을 유지하는 사람은 자기제어와 인격수양이 된 사람입니다. 화를 내고 허둥대는 사람은 리더로서 자격이 없습니다. 한순간의 분노는 폭설과도 같습니다. 눈이 녹고 나면 가려져 있던 쓰레기가 남아 보기가 싫습니다. 마찬가지로 한순간의 분노는 시간이 지나 흥분이 가라앉으면 남는 건 후회밖에 없기 때문입니다.

❻ 앉은 모습은 태산처럼 반듯이 앉아라! 존경받는 지도자가 된다

우리 동양인은 전통적으로 등이 긴 사람을 귀한 사람으로 여겼습니다. 그러나 요즘 여성들은 상체보다 하체가 긴 서구형의 롱다리를 선호합니다. 상체보다 하체가 짧은 숏다리는 젊은이들 사이에서 인기가 별로 없는 것이 사실입니다. 동양인들은 육식보다 채식을 많이 하여 내장의 길이가 서구인보다 길 수 밖에 없어 태생학적으로 숏다리의 신체구조로 되어 있습니다. 따라서 상체가 하체보다 발달할 수밖에 없습니다.

그러나 요즘 세대는 식습관이 서구화되면서 신체구조도 서구화되어 하체가 상체보다 긴 롱다리가 많아졌습니다. 롱다리와 숏다리를 가진 사람들 중 숏다리를 가진 사람들이 등이 긴 경우가 많습니다. 어떤 집단의 리더들의 형상을 꼼꼼히 뜯어보다 보면 여러 공통점 중 한 가지 공통점은 비교적 '등이 길다'라는 것입니다. 등이 긴 사람을 뒤에서 보면 우람하여 마치 큰 산이 떡 버티고 있는 것과 같습니다. 이런 사람은 스케일이 크고 포용력이 있으며 좌중을 좌지우지하는 사람입니다. 반대로 등의 길이가 짧은 사람은 구부정하게 힘없이 앉아 있거나, 어떤 것에 기대어 앉아 있는 경우가 많습니다. 이런 사람은 의지가 약하고 자존감이 없어 어떤 일을 맡겨도 자신 있게 주도하여 일을 처리하지 못하는 사람입니다.

또한 등이 짧으면 신체의 내장 기능이 좋지 않아 건강이 안 좋은 사람이 많습니다. 특히 노년에 건강이 급속히 안 좋아지는 경우가 있으니 조심해야 합니다.

옛날 대궐을 짓는 데 쓰는 나무는 올곧은 나무를 쓰고, 굽은 나무는 쓰지 않았습니다. 앉은 모습이 바르면 건강하고 활동적이며, 인품이 훌륭하여 주위 사람들로부터 신뢰와 존경을 받는 지도자가 되기도 합니다. 앉아서 무릎을 경솔하게 떠는 사람은 노후에 경제적인 어려움을 당하니 무릎을 가만히 두어야 합니다. 그리고 세 사람 몫의 좌석을 독점하다시피 다리를 벌리고 앉는 사람은 남에 대한 배려심과 이해심이 없어 사회생활에서 왕따를 당하여 외로운 삶을 살게 됩니다.

❼ 화장으로 자신의 좋은 이미지를 보여줘라! 운명이 개척된다

가벼운 경차를 타고도 스포츠카보다 더 빨리 가는 경우가 있고, 고급 중형차를 타고도 경차보다 못 달리는 경우가 있습니다. 타고난 자기의 얼굴을 어떻게 관리하느냐에 따라 운명이 확 달라집니다. 어떻게든 남에게 나의 이미지를 좋게 심어주는 것은 중요한 일입니다. 험상궂고 사나운 얼굴을 가진 사람이 부드럽게 화장을 하여 다른 사람들이 볼 때 부드럽고 평온하게 보인다면 본인뿐만 아니라 상대방에게도 좋은 일입니다. 따라서 일반인의 기준으로 보았을때 호감을 불러일으키게 화장을 하여 주어진 자신의 삶을 개척하는 것은 대단히 중요한 일입니다.

웃는 얼굴이
밥 먹여 준다

우리의 몸은 매우 빠른 속도로 변화를 거듭합니다. 하룻밤 사이 수천
억 개의 세포가 죽고 새롭게 생겨납니다. 우리 몸은 5년 혹은 6년이 지나
면 현재 모습을 이루는 세포가 거의 다 바뀌게 된다는 것입니다. 따라서
일상생활에서의 마음가짐이 결국 현재의 나의 얼굴을 만들었다는 것입니
다. 얼굴은 그 사람의 살아온 삶의 여정을 고스란히 보여줍니다. 그러므
로 타고난 나의 얼굴도 마음먹기에 따라 좋게 혹은 나쁘게 바뀔 수 있습
니다. 1950년대 미국의 사회심리학자 다커 캘프너는 나이 20세 정도 되는
여학생들의 학급사진을 분석했습니다. 여학생 141명을 대상으로 이들의
표정과 이후 운명 사이의 관계를 알아보기 위해서입니다. 그리고 이들이
졸업한 이후 30년간의 삶을 추적조사 했습니다. 이들 여학생이 27세, 43
세, 52세가 될 때까지 자녀, 재산, 질병 유무 등을 관찰한 것입니다. 그 결
과 놀랍게도 처음에 사진을 찍을 당시 가장 많이 웃은 학생들이 졸업 이후
에도 상대적으로 행복한 결혼생활을 하고 있었습니다. 결국 사진 속에 보

인 미소는 이후 삶에서 나타날 행복을 미리 보여주고 있다고 연구원들이 결론을 내렸습니다. 물론 그중에 무뚝뚝한 표정의 학생들이 행복하게 사는 경우도 있었고, 웃고 있지만 불행한 사람도 있었습니다. 하지만 평균적으로 볼 때 학창시절에 환하게 웃으며 사진 찍은 여학생들이 졸업 이후에도 잘 살고 있다는 것을 증명해 보인 것입니다. 타고난 나의 얼굴보다는 내 마음속에 어떤 생각과 가치관을 심고 그것을 위해 얼마나 노력하느냐가 더 중요하다는 것입니다. 즉 보이지 않는 마음의 자세가 인생을 좌우하는 것입니다.

얼굴은 항상 변화하고 있습니다. 지금도 변화하고 있습니다. 즉 관상은 고정된 운명이 아니라는 뜻입니다. 사주나 궁합 같은 경우는 태어난 생년월일시에 따라 고정된 형태로 움직여지나, 관상은 항시 변화하며 자신의 의지에 따라 변화시킬 수도 있습니다. 이 말은 바꾸어 말하면 내 얼굴을 좋은 인상으로 변모시켜 내 운의 흐름을 좋은 쪽으로 유도하는 것이 얼마든지 가능하다는 이야기입니다. 매일의 조그마한 마음의 변화가 나의 운을 좋게 만들어 주며 그 작은 변화로 인해 내 운명이 결국은 바뀌게 된다는 것입니다.

칼자루를 잡느냐! 아니면 칼날을 잡느냐! 이는 칼을 사용하는 사람이 칼을 어떻게 잡느냐에 따라 상황이 달라질 수 있다는 이야기입니다. 창조주는 완벽한 생명체를 이 지구상에 주지 않았습니다. 뿔 달린 짐승에게는 날카로운 송곳니를 주지 않았고 날카로운 송곳니를 가진 짐승에게는 뿔을 주지 않았습니다. 또한 튼튼한 네 다리를 가진 짐승에게는 하늘을 나는 날개를 주지 않았으며 날개를 가진 동물에게는 튼튼한 다리를 주지 않

았습니다. 관상도 마찬가지입니다. 창조주께서 우리에게 완벽하게 좋은 관상은 주지 않습니다. 관상학적으로 어떤 부분은 좋고 어떤 부분은 나쁜 부분이 있게 마련입니다. 따라서 우리는 나쁜 것은 버리거나 개선하고, 좋은 것은 취하거나 발전시키면 되는 것입니다. '하늘에서 내리는 비는 인력으로 막을 수는 없지만 피해갈 방법은 있다'고 했습니다. 인간은 누구나 장·단점이 있습니다. 나의 얼굴을 잘 살펴서 좋은 부분은 더욱 발전시키고 나쁜 부분은 조심해서 이 세상을 살아가야 합니다.

자신의 관상을 모르고 살아갈 때는 타고난 관상대로 살아가게 됩니다.

내가 네모난 사람이면 나의 운명도 네모난 모습입니다. 내가 세모난 사람이면 운명도 세모난 모습입니다. 내가 까칠하게 생겼으면 성격도 까칠하고 운명도 까칠합니다. 나의 인생이 이처럼 타고난 관상대로 흘러간다면 어찌 두렵지 않겠습니까. 하지만 다행스런 일은 나의 관상이 나의 인생에 영향을 미치는 것을 알게 된다면 어떻게 하든 바꾸거나 피해갈 방법을 찾을 수 있다는 것입니다. 무엇인가 미리 알고 대응하여 이 세상을 살아가는 것과 모르고 이 세상을 살아가는 것은 하늘과 땅의 차이만큼 큽니다. 어릴 적 부모님이나 선생님으로부터 이런 말을 많이 들었을 것입니다. 차 조심해라, 밤길 조심해라, 비 오니까 조심해라, 미끄러우니 조심해라, 그놈 사기꾼이니 조심해라, 술 조심해라 등등 많은 것을 조심하라고 했습니다. 그럼 조심하는 것에 어떤 특별한 방법이 있을까요. 미안하지만 없습니다. 그저 자신이 조심하겠다는 마음을 먹는 것이 가장 좋은 방법인 것입니다.

아주 미끄러운 빙판길을 걸어가면서 조심할 때와 조심하지 않을 때의 차이는 엄청납니다. 조심하지 않는 마음은 위험에 대해 아무런 대비도 하지 않는 마음입니다. 그렇게 방심할 때 위험이 찾아오게 되면 피해는 더 커지게 됩니다. 순간적인 대처능력도 떨어지고 위험이 진행되는 중에도 '큰일 났구나!' 라는 생각이 없기 때문에 그저 맥없이 당할 뿐입니다. 평소에 '위험이 존재하니 조심하자!' 라는 생각을 마음속에 담고 있으면 위험이 닥치는 순간 반사적으로 대응하여 위험을 예방하거나 줄일 수가 있습니다. 관상학에 대한 지식도 이와 마찬가지 입니다. 평소에 '내 관상이 이러이러하니 항상 신경을 쓰고 조심해서 생활하자!' 라고 마음을 먹으면 자신도 모르게 위험은 줄어들고 반대로 행운은 나에게 굴러들어오게 됩니다.

인간과 인간과의 관계는 우리가 생을 마감할 때까지 쉼 없이 지속할 수밖에 없습니다. 주위에 얼마나 좋은 사람이 많이 있느냐 또는 없느냐에 따라 그 사람이 성공하기도 하고 실패한 인생을 살기도 합니다. 따라서 우리는 사람을 볼 줄 아는 안목, 즉 극단적으로 표현하자면 '좋은 사람과 나쁜 사람을 구별하는 안목'을 길러야만 합니다. 관상학의 대가인 마의 선생(麻衣先生)은 만상이불여심상(萬相而不如心相)이라고 했습니다. 이는 '일만 가지 관상이 제 아무리 좋다고 해도 마음의 관상만 같지 못하다'는 뜻입니다. 비록 타고난 나의 현재 모습이 마음에 들지 않더라도 마음을 잘 쓰면 능히 고쳐갈 수 있다는 것입니다. 역풍이 불 때 맞서 싸우기보다는 차라리 자기의 몸을 돌려 순풍으로 만드는 지혜도 필요한 것입니다. 성경에도 '마음의 즐거움은 얼굴을 빛나게 하여도 마음의 근심은 심령을 상하게 하느니라'(잠 15:13)라는 구절이 있습니다. 어떤 상황에서도 감사한 마음을 품으면 얼굴도 달라진다는 것입니다. 긍정적이고 창조적인 생각은 나의 얼굴을 바꿀 수 있습니다. 마음을 바꾸면 얼굴도 달라지고 그것이 결국 인생을 빛나게 할 것입니다.

우리말에 '얼굴이 밥 먹어 주나?'라는 말이 있습니다. 그러나 웃는 얼굴은 다릅니다. 웃는 얼굴은 밥 먹여 줍니다. 최고의 관상은 '웃는 관상'입니다. 웃으면 입꼬리, 눈꼬리, 미간이 펴지면서 자연히 좋은 관상으로 변하게 됩니다. 사람을 설득할 때 웃으면서 이야기하면 설득력이 높은 이유는 상대방도 자신도 모르게 따라 웃으면서 듣기 때문입니다. 오죽하면 돼지 머리도 웃는 것이 비싸지 않습니까? 인상을 쓰면 인생이 쓰고, 인상을 펴면 인생이 펴집니다. 아무리 삶의 여정이 힘들고 스트레스를 받더라도 항상 웃으면서 살아간다면 어느 순간 자기도 모르게 좋은 관상으로 변해 있는 자신을 발견하게 될 것입니다.

얼굴사용 설명서

내 얼굴에 숨겨진
7가지 비밀

초판 발행일 2015년 2월 3일
개정판 5쇄 발행일 2020년 4월 2일

지은이 엄태범
삽 화 김판국
펴낸이 하승봉

기획·제작 김용덕 김명신 김재완 손수정 이혜인
디자인&인쇄 지오커뮤니케이션

펴낸곳 책넝쿨
출판등록 제25100-2017-000078호
주소 서울시 서대문구 독립문로 59
홈페이지 http://www.nongmin.com
전화 02-3703-6136 | **팩스** 02-3703-6213

책넝쿨은 (사)농민신문사가 만든 새로운 출판브랜드입니다.
이 책은 저작권법에 따라 보호를 받는 저작물이므로 무단전제와 무단복제를 금지하며,
내용의 전부 또는 일부를 이용하려면 반드시 저작권자와 (사)농민신문사의 서면 동의를 받아야 합니다.

© **책넝쿨** 2020
ISBN 979-11-952899-6-7 03180

이 도서의 국립중앙도서관 출판예정도서목록(CIP)은 서지정보유통지원시스템 홈페이지(http://seoji.nl.go.kr)와
국가자료공동목록시스템(http://www.nl.go.kr/kolisnet)에서 이용하실 수 있습니다. (CIP제어번호 : CIP2015014884)

잘못된 책은 바꾸어 드립니다. 책값은 뒤표지에 있습니다.